仏教学者、キリスト教徒の問いに答える

日本の自然と宗教

Tachikawa Musashi
立川 武蔵

Kathryn Sparling
聞き手 キャサリン・スパーリング

西日本出版社

目次

はじめに

本書はキリスト教徒である、アメリカの友人キャサリン・スパーリングさんからの問いに答えるかたちで仏教とは何かを語ったものです。

彼女は日本文学の研究者で、安部公房や遠藤周作との親交もあり、日本文化に関して幅広くまた深い知識を持っています。また大学の講師として早稲田大学や同志社大学で教鞭をとられていました。

彼女からの仏教への問いに答える前に、わたしの考える宗教理解のための基礎概念をまずお伝えしようと思います。それらの基礎概念を用いる方が、わたしの考え方を伝えやすいと思うからです。

三つの対概念

わたしは三対の基礎概念を考えています。すなわち「聖なるものと俗なるもの」「浄なるものと不浄なるもの」「個人的宗教行為と集団的宗教行為」です。

それぞれの対についての説明はあちこちにすでに書いたこともあり、省きます。重要なことは、聖なるものが、神々しいもの、清らかなもの、美しいものとは限らないことです。聖なるものと聞くと人は、聖母マリアを思い起こすようです。マリアも聖なるものなのですが、わたしは魔女たちも聖なるものと考えています。

このように聖なるものという語の意味を広く考えた方が宗教の構造を理解するためにはより適切であるように思われます。もちろん、そのような考え方はわたしの独創ではありません。これまでに多くの研究者によって育て上げられてきています。

ヒンドゥー教のカーリー女神は、血で満たされた頭蓋骨杯を持ち、舌を垂らして犠牲獣の血を要求しています。この恐ろしき女神も聖なるものなのです。神や仏さらには悟りや救いのみが聖なるものではありません。死体、亡霊、魔者、蛇といった不気味なもの、忌むべきものも聖なるものであり、祭りの時、葬儀の時など、特定の儀礼が行われる時も聖なるものと考えられます。

俗なるものとは、煩悩、罪、煩悩を有する人間、罪に悩む者のみではなく、平々凡々たるわれわれの在り方、祭りなどのない日常を指します。

聖なるものと俗なるものの間には動的な関係があります。時として両者は反発しあいますが、時としては合一します。魔を追い払うための儀礼もあり、聖なるものである仏と俗なるものである人が合一する行法もあります。

宗教行為のすべてが聖なるものと俗なるものによって説明できるわけではありません。宗教行為の一例として葬儀を考えてみましょう。ある男性が亡くなったとします。

彼の家族あるいは会社に属する者たちの間の雰囲気は一変します。それまでは日常、つまり俗なる雰囲気が支配的であったのですが、その人の死によって雰囲気は非日常的、つまり聖なるものに変わります。遺体となった彼は、家族と共に暮らすことのできぬ者になっています。さりとて、遺体を粗大ごみとして処分することもできません。

かの遺体からは危険な「気」が立ち上り続けます。生き残った者たちは、この危険で不気味なものを異界へと送ってしまわなければなりません。死者を異界へと送る行為が葬儀なのです。残った者たちが死者に別れを告げる機会でもあります。

手におえなかった不浄なる遺体は、葬儀を通して、処理可能なもの、つまり浄なるものへと変化します。つまり、聖なる時間の中で不浄から浄への変化が見られるのです。この場合の浄とは、死体における菌の数が減る、というようなことではありません。葬儀に関係する人々の意識の問題なのです。

葬儀がもたらすそのような雰囲気の変化は、もちろん一様ではありません。参列者たちとかの死者との関係はさまざまです。義理で参列する人もいます。商売の話をする人もいます。政治的会談が行われるのは言わずもがなです。ともあれ、葬儀は全体としては一種の社会的行為です。

死者の出る以前の家族や会社は、特別のことのない平常の時間、つまり俗なる時間にありました。死者が出た瞬間からかの集団は、非日常の聖なる時間に入ります。その聖なる時の中で遺体は不浄なるものから浄なるものとなります。葬儀の後、かの集団にはおおむね俗なる時間が戻りますが、遺族には聖なる時がしばらく、あるいは長く、続くことになります。

集団的社会的行為である葬儀は、一般に個人的精神的救済とは無関係です。もっとも死は阿弥陀の浄土に生まれることである、と考える宗派にあっては葬儀が個人の精神的救済と深く関係します。このような場合は、集団的宗教行為が個人的なそれの要素をも含んだケースと考えられます。

名古屋の郊外の国府宮《こうのみや》神社では、毎年二月に、はだか祭りが行われてきました。この祭りでは、何千という裸男が唯一人の神男《しんおとこ》に触ろうとひしめき合います。選ばれた神男は約一週間行いを慎み、心身を浄め、当日を待ちます。近くの宿からやってきた褌姿の厄男たちが神社の境内に集まります。禍の多いといわれる年、厄年が人生には幾度か巡ってきます。そうした厄年の男たちは不浄の塊なのですが、神男は浄なるものの具現ということができるでしょう。

神男が現れたぞ、と誰かが叫ぶと、男たちはその方向に突進します。人々に押しつぶされたり、踏みつけられたりで圧死者も出たこともあったそうです。厄から離れている浄なる神男は男たちにもみくちゃにされ、不浄になります。一方、厄男たちは厄を落として浄なる者となるのです。

聖なる祭りの時間の中で、浄から不浄へ、不浄から浄への交代劇が見られます。この祭りは個々人が精神的救済を求める行為ではありません。祭りの後、この神社や準備に忙しかった周囲の町には、日常、俗なる時が戻ります。ちなみに、不浄になった神男の不浄性を払い落とすための儀礼も行われると聞きました。

宗教行為についての話を続けます。宗教的要素を含む結婚式を考えてみます。宗教的要素を含むとわざわざ断るのは、宗教と無関係に結婚式はあり得るからです。日本では神前結婚式もあれば仏前で行われる場合、さらには、神仏に関係ない場合もあります。

結婚式では、あることのまだ達成されていない状態から、達成された状態への移行が社会的に確認されます。一組のカップルが新しい単位として出発することの承認です。式の前後と最中とでは、当のカップルと参列者たちを取り巻く雰囲気は異なります。古来、人々は結婚式などの雰囲気をハレと呼び、日常をケと呼んできました。

今わたしが聖なるものと呼んでいるのは、ハレよりも広い概念です。ハレは結婚式や祭りの時に対して使うことができたとしても、念仏や坐禅などの精神的救済を求める実践には用いることはできません。結婚式や葬儀と坐禅などはまったく別に扱えばよい、という人もいます。しかし、葬儀や坐禅などの根底には共通の構造があると思えます。そのためには、宗教の構造を考察する共通の基礎概念を探すべきです。

結婚式と葬儀を比べてみましょう。葬儀にあっては不浄から浄への移行がありました。結婚式で人々は病気とか死などの不幸について極力触れないようにします。葬儀におけるような不浄から浄への移行も結婚式には見られません。結婚式全体が浄なるものの雰囲気の中で行われます。ある言い方をすれば、結婚式や成人式などでは聖なるものと浄なるものとはほとんど一致しているのです。

わたしはキリスト教会や仏教寺院で結婚式を挙げることに反対しているわけではありません。わたしが言いたいのは、結婚あるいは結婚式は宗教とは無関係であり得るということです。日本では神式でも仏式でもない結婚式が増えています。

葬儀も本来は宗教と関係がないともいえるでしょう。ただ人の死を悼むことは宗教の根底にあるとわたしは思います。人の死を悼まなければ葬儀も必要ないでしょう。また、女と男が結ばれるのを祝う気持ちも宗教的なものに通じます。

これまでわたしは、主として集団的な宗教行為を問題にしてきました。個人の精神的救いを求める宗教行為もあります。悟りとか救いは聖なるものであり、煩悩や宗教的な罪は俗なるものです。坐禅や念仏は個人的な救いを求めます。集団的な礼拝というかたちをとる行為の中で、ある個人が自身の救いを得ようとする場合ももちろんあります。例えば、葬儀に参列していた者が精神的覚醒を経験することも充分あり得ることです。

わたしが強調したいのは、葬儀、祭り、坐禅、念仏、といった一見無関係に見える、もろもろの宗教行為は普遍的な構造を有しているのであり、今のところはその宗教の普遍的構造を指し示す基本概念としては、聖なるもの、俗なるものに代わる、より優れた基礎概念が見当たらないということです。

儀礼

二〇二二年の春から、名古屋にある真言宗の寺院、八事山興正寺《やごとさんこうしょうじ》に仏教研究所を作るのでその活動に参加しないか、とお誘いを受けていました。この寺院では、他の寺院と同様、夏にお盆の行事が行われます。このようなわけで、その寺の研究所の研究の一環としてこの寺院の儀礼を観察する機会に恵まれました。仏教における儀礼についてもすこしばかりお話しておこうと思います。

インド文化の根底に儀礼主義があります。あれほど広いインドの領域が、この三〇〇〇年以

図1　バラモン僧によるホーマ（プネー、インド）

上ひとまとまりとして存続してきたのはその儀礼主義のおかげです。紀元前千数百年から紀元前五百年あたりまではバラモン教の時代です。バラモン僧たちはヴェーダ聖典に基づいて儀礼を行っていました。

彼らにとって重要かつ一般的だった儀礼はホーマ、つまり火の神への奉献です。ホーマが中国、日本では護摩となったのです、ホーマは火の神アグニを使者として天の神々へと供物を届ける儀礼です。バラモン僧たちは呪力ある言葉（ブラフマン）を唱えて神々を鼓舞しました。

仏教が誕生した紀元前六、五世紀になるとバラモン教の勢力は衰えますが、紀元前三、二世紀頃から地域の伝統をも含んで、かたちを変えて復興してきます。この新しいかたちをヒンドゥー教と呼びますが、この新しい形態ではプージャーが重要です。これは神など聖なるものに供物を捧げて崇める行為ですが、この場合、供物が不可欠です。

プージャーは中国において、供養、つまり供物を捧げて神などを養う、と訳されました。神々に元気になってもらって人々の願い事をなしとげてもらうというのです。初期仏教は、儀礼に対してバラモン教のようには積極的ではありませんでした。しかし、紀元五世紀頃ともなると、仏教は儀礼を自ら積極的に取り入れていったのです。

五、六世紀に台頭していた密教ではホーマやプージャーが盛んに行われた、と推定されます。プージャー、すなわち供養とは、客を招いてもてなした後、客が帰るのを見送るように、神を招き、入浴をしてもらい、衣服を新調し、馳走して帰ってもらうという手順を踏みます。プージャーにおいて神に入浴してもらうという場面に相当する所作は、仏教のホーマでは火の中に供物を入れる場面に当たります、つまり、仏教のホーマはプージャーの枠組みの中で行われるのです。

インドのプージャーは供養と訳されるのが一般的です。しかし、中国や日本では供養という語が、インドにおけるプージャーとは異なる意味に用いられています。その理由は、中国や日本においてはインドより祖先崇拝がより盛んであるゆえに、祖先崇拝を供養と呼ばれるようになったからだ、と考えられます。インド人たちが先祖をないがしろにしているということではありません。

中国や日本では祖先崇拝が家の意識を強固にするための行事に組み入れられたのですが、インドやネパールでは家の意識は、他の儀礼によって高められます。インドやネパールでは祖先に対する儀礼はプージャーとは呼ばれません、日本の死者の霊を祀る法事に当たる儀礼はシュラーッダと呼ばれます。

日本では供養は、祖先供養とか、うなぎ供養、針供養というように用いられますが、阿弥陀供養、大日供養、観音供養とはまずいいません。もっとも八世紀の『大日経』の漢訳では供養という語が仏菩薩への奉献の意味で使われています。今日のカトマンドゥでは、アミターバ・プージャー、すなわち、阿弥陀供養といいます。

施餓鬼とは、今日の日本では阿弥陀仏や観音に供物を捧げることではなく、龍神、祖霊、餓鬼などのいわば第二ランクの神々に供物を捧げる行為をいいます。餓鬼とは中国でできた訳語ですが、サンスクリットではプレータといいます。このサンスクリットは、先に逝った者という意味であって、餓鬼という意味はありません。

輪廻の輪の中で餓鬼界は人間界と地獄界の中間に位置します。渇きに苦しむのですが喉は針のように細く、水も飲むことができません。というよりも、焰《ほのお》を口から吹き出しており、餓鬼は焰口《えんくう》とも呼ばれるのです。お腹は膨れているのですが、喉は針のようで体はやせ細っている

図２　施餓鬼（興正寺、名古屋市）

という姿が定着しています。

このように餓鬼は水も飲めないはずなのですが、日本の真言宗や禅宗の寺院では施餓鬼といって、炊いたご飯に水を垂らしたものを餓鬼に施します。例の八事山興正寺では毎日午後四時、僧たちが回廊の脇の石塔に水を加えたご飯を垂らします。

寺で用いられている施餓鬼のマニュアルには、餓鬼たちの喉を開いて水を飲ませるのですがその水は甘露になる、と書かれています。ヒトは命の尽きる時はほとんどの場合、嚥下つまりものを呑み込むことができなくなります。食べなくては死んでしまうことは分かっていますが、食べられません。これは古代のインド人が考えたプレータ、つまり餓鬼のイメージです。

というよりも、餓鬼とはヒトが死んでいくときの姿だと思えます。死んでしまって何も言えなくなった者に施す、という意味の施餓鬼は上から目線の行為であるようで、わたしは好きではありません。餓鬼つまりプレータとは先に逝ってしまった者、つまり、死者という意味であって、怪物ではありません。

嚥下できないほどに喉がだめになった人は、食べたかったに違いありません。わたしの大学時代の先生は亡くなる一週間前にベッドで呟きました。食べないと死んでしまう。もう半世紀も前のことです。

死者に食を捧げるという行為の意味が、八〇を超えた今、わたしにも分かる気がします。餓鬼道が存在するか否か、死者が食べることができるのか否か、そのようなことを問題にしているわけではありません。施餓鬼は生きている者の自己愛のための行為でもあるのです。それでもかまわない、とわたしは最近考えるようになりました。

お盆

日本では暑くなっており、お盆の季節が近づいています。七月に行事を行う寺と八月に行う寺があります。二つの月で行われる場合もあります。

日本では盆と正月は昔から二大休暇でした。正月にはめでたい日が数日続きますが、お盆はめでたい日ではありません。盆には死者が生前の家に戻ってくる日と考えられているからです。

盆という語は盂蘭盆《うらぼん》つまりウッランバナというインドの言葉に由来しています。これは逆さまのものという意味だともいわれていますが、はっきりしません。後世、この死者の霊を迎える行事と、餓鬼に食事を与えることが混同されてしまったのです。元来は、お盆と施餓鬼とは異なる行事であったと思われます。

お盆の時期になると仏壇の前にナスビやキュウリに箸を四本突き刺して、牛か馬のような格好にしたものを飾ることがあります。死者たちの乗り物です。この乗り物に乗ってくる時には速く、帰る時にはゆっくりと、といわれています。人々は死者が化けて出てくることを恐れながらも、かつての家族が帰ってくるのを待ちます。

夜には人々は浴衣姿で円を作って踊ります。盆踊りです。地域によっては額に三角の白い布を着けて踊ります。死者の姿をしているのです。異国から来た者は、やはり帰っていただかなくてはなりません。ナスビやキュウリのタクシーあるいは、川面での灯篭流しによって帰るのです。

たわいもないこと、といえば、まったくそうです。子供のままごとのようです。しかし、最近、思うようになりました。このようなままごとが人には大事なのだと。

図3　祖霊を迎えるガルンガン祭（バトゥワン寺、バリ）

死者の霊を迎えてまた送り出すという行事は、バリ島にもあります。バリ暦の一月の半ばに祖霊を迎える儀礼ガルンガンがあり、その一週間後には彼らが帰るのを見送るクニンガンがあります。二〇〇四年にバリを訪れたとき、偶然、ガルンガンの儀礼を中部バリのバトゥワン村で見ることができました。同じ村で行われた弁財天祭りのときの供物の豪華さに比べて、供物が質素だったことを覚えています。

異界からこの世に訪れた者は、しばらくして帰ってもらうことになっています。ただ死霊の影が薄くなって、居残ってもらっても邪魔にならなくなると、生前の家に戻って家族を見守る、と考えられているのです。バリ島においては聖なるアグン山を巡って浄化された霊は、生前の家に戻るといわれています。

日本においても、おそらく中国においても、先祖たちは時を経るにしたがって死に特有の恐ろしさや不気味さが薄くなり、つまり浄なるものとなって、影の家族になります。お盆の時や三回忌といった死者のための法要の時には、忘れかけている死の顔を改めて思い出しますが、その後は彼らの影と共に暮らします。

彼岸

彼岸《ひがん》とは向こう岸のこと、つまり煩悩に満ちたこちらの岸から向こう岸に至ること、悟りを元来は意味しました。しかし、いつしかあの世に行ってしまうことをいうようになりました。この時期には亡くなった人々をしのぶ行事が行われます。その時期とは秋分の頃になります。もっとも春の彼岸もありますが。今日、散歩の途中で、彼岸花《ひがんばな》を見つけました。この花は秋の彼岸つまり秋分の頃に茎を伸ばし、大きくにぎやかな花を付けます、そして、あっというまに、その美しい姿は消えてしまうのです（道ですれ違った美人のように）。

キャサリン、あなたが日本において、あるいは日本について、何を感じられるのかは分かりません。しかし、宗教的伝統が異なるとはいえ、日本人が自然の恵みの中で生きている様に接せられることを祈ります。

第一の問い

自然とは何ですか？

立川先生はわたしにいつも樹木や花の話をしてくれます。花の写真も数多く見せてくれました。先生は身のまわりの自然に特に関心がおありのようです。まず、日本における自然と仏教の関係についてお話を聞かせてください。

ご存じの通り、わたしはニューヨーク州のロング・アイランドで幼少期を過ごしました。わたしが一六歳の時に亡くなった父は会社員でしたが、祖父も曾祖父もメソディスト派の牧師であったと聞きました。わたしの父母はメソディスト派の信徒でした。母はサンデースクールの先生であったこともあり、わたしも小さい時から毎週日曜日に教会に通っていました。わたし自身、神学を学んだこともなく、熱心なキリスト教徒というわけではありませんが、日本に滞在しているときなどは、自分はキリスト教徒なのだと思うこともあります。

今回、日本の仏教について考える機会が与えられたことを感謝しています。この機会に、キリスト教徒であるわたしがいつも疑問に思っていたことを先生に尋ねてみようと思います。

わたしは日本や東洋における自然観について、昔より興味を抱いてきました。

創世記では、神は人間を創造し、「これに海の魚と、空の鳥と、家畜と他のすべての獣と、地のすべての這うものを治めさせる」こととし、人間に「生めよ、増えよ、地に満ちて、地に従わせよ」と命じたとあります。

このことから、人間が被造物の中心に位置付けられていることは否めませんが、人間が「神」となり他の被造物を支配するような「人間中心主義」は、本来のキリスト教的教えに立つものではないように思います。キリスト教的な自然とは「神において創造されたたまの在り方」であり、単に「自然対人間」の対立ではないようです。

ただ、キリスト教はもともと砂漠の宗教です。ヘブライ人にとって、シナイの砂漠の自然は厳しく、遊牧民であった彼らは自然に対峙することによって辛うじて自然から食物を得るような生活を強いられたことでしょう。

日本文化や仏教に内在する自然と人間の関係に関して先生に質問する中で、キリスト教の自然観を再考する手がかりを探してみたいと思います。

キャサリンより

カリフォルニア大学バークレー校にインド仏教の講義のために行ったのは もう一〇年も前のことです。日本の仏教について外国の人に話すのはこれが初めてです。

四月八日は仏教の開祖シャーキャ・ムニ、釈迦の誕生日といわれています。二五〇〇年も前のことで暦も違うのですが、ともかく、日本ではこの日に釈迦が生まれた、といわれてきました。東南アジアでは誕生日と亡くなった日が同じと考えられており、その日、つまり新暦の五月頃にウエサカ祭が盛大に行われます。

今日、名古屋市のうちの近くにある平和公園に散歩をしに行ってきました。この公園は墓地の横にあります。ちょうど桜が咲いていました。変哲もない花だとは思うのですが、桜の開花は日本人にとっては一大事です。桜の花の初咲きがテレビのニュースになり、花の数ほどの人が集まります。真っ白でもなくうっすらと赤味があり、どこか怪しげな花びらです。満開の後は、花びらが風に散ります、文字通り花吹雪です。

これから、日本の自然と宗教についてお話ししようと思っています。

アメリカ留学から帰った一九七〇年の秋、岐阜の長良川ホテルに泊まる機会がありました。時は紅葉のシーズンであり、赤、黄、緑の葉はまさに錦でした。ホテルから、目の前の金華山頂には織田信長の岐阜城が見えました。前を流れる川面で行われる鵜飼いは有名です。

図4　桜

その時は、三年半の留学から帰ったばかりということもあり、わたしはアメリカで見た糖楓《とうかえで》（メープル）の並木を思い出していました。ボストンからニューヨークに向かうバスの窓から見た糖楓、黄色い葉の並木が何キロメートルも続いていました。アメリカは大きい、と思ったものです。

日本の紅葉は小さい、と貶《けな》しているのではありません。これまでに、日本は自然に恵まれているとか、日本人は自然と一体になって暮らしてきた、としばしば聞きましたが、わたしはその都度、疑問に思いました。

日本国土の四分の三は山であり、日本人が、今のところ、水に不自由を感じていないのは日本が山国であるおかげです。日本の国土は南北に長いため、亜寒帯、冷温帯、暖温帯、亜熱帯と、この国の気候は多様です。ここに見られる哺乳類、鳥類、植物も、英国やニュージーランドなどの島国に比べるならば種類が多いそうです。

日本人は自然を征服しようとするのではなく自然と融合してきた、ここに日本文化の特徴がある、というような話を、日本での滞在の長いあなたならば、幾度も聞かれたでしょう。しかし、日本人は自然を征服の対象と考えなくてよい代わりに、あるいはそれゆえに、無自覚に自然を破壊してきたように思えます。

二〇二一年には熱海で地滑りと鉄砲水が起き、三〇人近い犠牲者がでました。これは無法な造成工事によるものといわれています。山と樹と水のことをよく考えていなかったのが原因のようです。

わたしの住む名古屋の緑もずいぶんと少なくなりました。落ち葉を集める労力が惜しい、街路樹は運転の邪魔だ、車庫に車を入れにくい、というような理由で街路樹は成敗されてきました。わたしはこの町にもう四〇年も住んでいますが、まわりにあった桜の巨木が何本も切られていきました。新しい家を建てるためで、日本はほんとうに狭いのです。

一九七九年秋から一年間、わたしたち家族は、北ドイツのハンブルグの街で暮らす機会を得ました。あの街では道路は広く、車を止める土地も充分にあり、歩道には巨木が並んでいました。

ハンブルグから鉄道で南下して、ウイーンも訪れました。あの街は石と鉄でできているようでしたが、人々は樹々や草花を強く意識している、と思ったものです。どこの窓辺のプランターにも花がこぼれていました。

ある友人がわたしに語ったのを覚えています。「ヨーロッパの人々にとって自然は征服すべきものであり、日本人は自然と一体になって暮らしていたというが、日本人こそ自然を破壊してきたではないか、自然を守ろうとしたのはヨーロッパ人ではないか」

たしかに、日本人は自然に恵まれているからでしょうか、自然に対して無自覚なところがあります。

そうはいっても、日本の文化が自然と深い関係にあり、今後もそうであることはまちがいのないことです。無自覚になってしまった日本人の一人として自覚的になるためにも日本の自然と文化について考えてみます。

自然とは近代の概念

わたしがこれから関わる自然は自然地理的な自然ではありません。日本は島国であり、国土の大半が山であり、火山も多く、また地震も多い国ですが、温暖な気候に恵まれているとはいえます。

ここでいう自然《しぜん》とは人間社会の外にある山や川を指してはいません。人々が歴史の中で関わってきた山川草木なのです。人類誕生以前の山川草木はどう考えるのか、とあなたはいうかもしれません。われわれは何億年前の生物に直接関わることはできません。もっとも、何億年も前の生物の命をわれわれは受け取っているのですが。

そもそも自然とは新しい概念です。自然を「じねん」と呼ぶことはかなり古くからあります。親鸞は「じねん」を教行信証の中で八〇回以上、ありのままの姿、すなわち、阿弥陀仏による救いの意味で用いています。

世界における生物とその土地との総体としての自然は近代の概念です。「山川草木」という語は今日の自然に近い概念です。生きている草木と非情つまり心のない山川とが一語になったところに、日本人の自然観の一端がうかがわれます。

創造主について

わたしは薬屋の息子でしたが、仏教的な環境の中に育ちました。大学では仏教学を専攻したこともあって、わたしが日本の文化に向き合う時には仏教的観点からものを見ているようです。仏教では世界を創造した神の存在を認めません。

クリスチャンであるあなたは、世界の創造主としての神の存在を認めているでしょう。このことはわたしたちの間の超えることのできない溝として残ると思われます。流れの急な川の両岸に立って話し合う二人となるに違いありません。

あなたは日本文学について大学で講義をされてきました。さらに、茶道の免状もとられ、陶芸家でもあり、能や歌舞伎にも詳しい。ともかくも、わたしはあなたが、日本の文化についてバランスの取れた理解をされていることに加えて、あなたが教条主義的なキリスト教徒でないことも分かっています。

仏教的な立場とキリスト教的立場との違いは残るでしょうが、その違いを言葉によって確かめることはできると思います。またそれが今回の目的でもあるのです。

わたし自身は、キリスト教には学生のころから関心を寄せてきました。大学ではヘブライ語をかじりました。今も旧約の始めの文章は覚えています。ヘブライ語の語順では次のようにあります。


はじめに造った（ベレッシート　バーラー）神は　天と地とを

「はじめに」「造った」の二語が問題を含んでいます。これを「はじめに〈神は〉造った」と読むか、「造るはじめに〈神は〉」と読むかで見解が分かれるそうです、バーラーを完了形と読むか、造る際の、というような形成態と読むか、の違いです。

神による創造が完了しているのか、まだ続いているのかは大きな問題です。聖書の書かれた古典ヘブライ語には完了形と未完了形のみがあって、英語やサンスクリットのように過去、現在、未来形はありません。このことはヘブライ人の歴史感覚にある程度の影響を与えたでしょう。

キリスト教がギリシャ的思考を取り入れたことはよく知られています。キリスト教はヘブライの神とギリシャの智の子供でありますが、世界を創造し世界を統《す》べる神の観念に関してキリスト教はヘブライ的伝統をより強く守ってきました。

わたしは今、キリスト者であるあなたに向かってどのように語るのかで、悩んでいるわけではありません。わたし自身の中にある創造主に向かって、どのように考えるのかで悩んでいるのです。仏教では創造主を認めませんが、わたしの中には創造主への思いが確かにあるのです、奇妙なことですが……。

わたしは名古屋生まれですが、わたしの育った地域は、かつてのキリシタンの刑場の近くでした。その地区に尾張藩第二代藩主である徳川光友《みつとも》が、処刑されたキリシタンの冥福を祈って栄国寺を建てました。この寺には学生の頃、ときどき訪れました。

昨日、六〇年ぶりにこの寺に行ってみました。この半世紀のうちに街並みは大きく変わっていましたが、十字が刻まれた慰霊碑は、半世紀経った今もありました。この寺には切支丹遺蹟博物館もあり、踏み絵やマリア観音像が展示されていました。

図5　マリア観音（栄国寺、名古屋）

栄国寺から歩いて数分のところに長栄寺《ちょうえいじ》があります。この息子の尚《なお》ちゃんは、小学校の時からの友だちでした。遊びに行って遅くなると、彼の部屋に泊めてもらって、朝御飯をご馳走になったものです。わたしの家はこの寺から数分でした。

長栄寺の隣にはわたしたちが通った橘小学校があります。明治五年、この学校は刑場の跡地に建てられたのですが、ここではキリシタンの処刑も行われた、と伝えられています。南側の校舎には亡霊がでる、という噂を子供たちは信じていました。

わたしが通った名古屋大学の南門の近くに、英国国教会の教区所があり、学生センターと呼ばれていました。クリスチャンでもないわたしもここでのクリスマスの礼拝に参加することができました。書棚にはパウル・ティリッヒの組織神学、カール・バルトの和解論などが並んでいました。

長々と自分のことを書きすぎたようです。これから日本の仏教や神道について語るつもりなのですが、わたしがキリスト教の神に無関心でなかったことを知ってほしいのです。とはいっても、わたしはあなたにとっては古い言い方ですが異教徒なのです。

名古屋の春の花の時節は終わったようです。といっても、ツツジやアジサイの花はまだですが、これからは若葉の季節を迎えます。

ついこの間まで白い花びらで身を包んでいた桜の木も、今は若い緑に覆われています。知っていますか、桜の若葉を指で揉むと刺激的な香りがします。人を酔わせる香りですが、これがわたしの春の酒です。

桜だけではありません、すべての草木が立ち上がってきます。大地がそして世界が巨大な力によって動いています。それは草や樹木の中の力によるというよりも、この世界を超えた何者かの力によるのだ、と思うときもあります。

そんな時にはわたしは、この世界には創造主がいるのではないか、とも思ってしまいます。それぞれの生きものに与えられているかに見える命、それはより大きな力によって可能なのだと思うこともあります。

世界に無数の命があります。それらの命は一応別々のものです。わたしの若い方の弟、義妹、妻は亡くなっていますが、それでも、わたしは生きています、そもそもすべての生物は別個の存在です。さらに、それぞれの個体は他の生きものを殺して食べなければ、自分の命を保てないのです。

このような無数の命の集まりがこの世界なのでしょうか。世界を成立させているものを世界の外に認めるべきなのでしょうか。仏教は世界の外に世界を成り立たしめているものの存在を認めません。一方、キリスト教は世界を超えた創造主の存在を認めます。

日本人と桜

日本の禅宗の一派である曹洞宗の祖は道元です。彼は正法眼蔵という講義録を残しています。この書は超難しく、わたしは何度も読みかけましたが、その都度挫折しました。ところで、道元は六〇首あまりの和歌を残しています。次の道元の歌は有名です。

春は花　夏ほととぎす　秋は月　冬雪さえて　すずしかりけり

四季を詠ったこの歌の意味は一応理解できるようです。ただ、道元が真に何をいおうとしたのか、わたしには判然としません。もちろん、それはわたしの理解力のなさによるものでしょうが。

この歌には本歌があります。天台座主を務めた慈円作と伝えられている歌です。

春のやよいの　あけぼのに　四方の山べを　見わたせば
花ざかりかも　白雲の　かからぬ峯こそ　なかりけれ
花たちばなも　にほふなり　軒のあやめも　かをるなり
ゆふぐれざまの　五月雨に　山時鳥《やまほととぎす》　なのりして
秋の初めに　なりぬれば　今年も半ばは　すぎにけり
わがよふけ行く　月影の　傾ぶく見るこそ　あはれなり
冬の夜さむの　朝ぼらけ　ちぎりし　山路に　雪ふかし

心の跡はつかねども　おもひやるこそ　あはれなれ

当時は、有名であった歌を踏まえて自分の歌を作るのが教養人であることの証しであったようです。和歌はともかくとして、わたしの関心は、それらの和歌の中で当時の人々がどのような自然のイメージを詠ったか、にあります。

あの良寛さんにも、似たような歌が残っています。

形見とて何を残さん　春は花　夏ほととぎす　秋はもみじば

「夏ほととぎす」は「山ほととぎす」とも伝えられますが、どちらでも大差はありません。良寛は慈円や道元の歌に接していたと思われます。

次の歌も良寛さんのものだといわれています。

裏を見せ　表を見せて　散る紅葉

桜には関係しませんが、わたしの好きな良寛の歌は以下のようです。

いくとせも　持てりしものを　きょう道に
忘れてこれば　おるらくの　たずねてこれば　たつらくの
いかんすべ　思い乱れて　ゆうづつの　とゆきかくゆき
とめゆけば　ここにありとて　わがもとに人はもてきぬ
うれしくも　もてくるものか　鉢の子を
春の野に　すみれつみつつ　鉢の子を　忘れてぞこし
その鉢の子を

この歌には幾つかのヴァージョンが残されています。良寛はあちこちに書きつけていたようです。彼のお気に入りであったようです。この歌の意味は書いてあるそのままで、裏も表もありません。

はじめは武士だったのですが出家したかの西行にも花の歌が残ります。

願わくは　花のもとにて　春死なん　そのきさらぎの　望月のころ

この歌の通り、西行は如月つまり二月の満月の日になくなったそうです。旧暦の二月の望月とは今の四月頃ですから、桜の季節です。彼は、ほとけに桜を供え、わたしの亡き後にも桜を手向けてほしい、という意味の別の歌も詠んでいます。

浄土に蓮はあっても桜は咲いていません。少なくとも、インド起源の浄土に桜のイメージは結びついていませんでした。西行は桜の花を仏教的なコンテキストに結びつけた人といえます。二月の満月の日に釈迦が生まれ、亡くなったという伝承があった、ともいわれますが、その伝承が西行の時代にあったか否かは分かりません。

昔、妻と二人で西行の庵の跡を訪ねたことがあります。桜の季節ではありませんでしたが、多くの桜の木がありました。わたしの父のように心不全で死ねば、花のもとに行くことはできません。妻のように認知症になれば、桜の花も何も分からなくなります。わたしは延命治療を断っていますが、最後の時には歩けないはずです。最後に思い出す花を決めておくことにします。桜ではありませんが。

お前も辞世を残しておけ、といわれれば、せいぜい次のようなものです。

形見とて　残さんものは　なけれども　大福餅に　涙こぼるる

ともかく、日本人は花あるいは自然をかなり意識してきました。しかし、そのようなことはどの国においてもあることです。インドで死者は強い香りのマリーゴールドの花に包まれます。花に囲まれて生涯を終えることは砂漠の民も望むでしょう。インドにも季節の移り変わりはあります。もっともインドではヒマーラヤ地方は別にして、雪は降りません。五世紀頃のインド、詩人カーリダーサがカーヴヤと呼ばれる美文体詩の作品、季節集を残しています。

この中でカーリダーサは季節の移り変わりを詠っており、インドの人々が日本人と同じように季節の移り変わりを愛でていた様子がうかがわれます。

わたしは一九七七年と一九八一年の夏をインドのプネーで過ごしました。プネーは当時すでに工業都市として知られていましたが、家々の前には薬草トゥルシーの鉢が置かれ、あちこちの家の庭にはシーターの実など甘い果実が眼の前で揺れていました。日本では見たこともない花が咲いており、わたしは肝心のインド哲学を忘れて花や樹に眼を奪われました。

日本では季語を用いるという規則を守った短い詩、俳句が、今も人々の間に人気があります。だからといって、日本人が自然を大切にしている、とはいえません。日本人の春の桜さわぎは、アメリカ中央部に住むあなたにはまことに大げさな祭りに映るでしょう。もしかすると、日本には自然が少ないから、あんな大騒ぎになるのかもしれません。

わたしはことさらに日本の悪口を言おうとしているのではありません。自然を愛でることはどの国にあっても見られることであり、日本人の自然観が特別だということはない、と言いたいのです。残念ながら、日本には他国にない勝れたものがある、と言う人が多くいます。

一九九五年に書いた『日本仏教の思想』（講談社）で次のように書きました。

樹木が荒々しくことばをかたり、蝶は舞いながら霊のひるがえりを見せる。森や山はそのまま神のすがたであり、湖の面にはその主のすがたが立ちのぼる。神たちは岩や泉におりたち、そこをよりしろとして住む……。

自然の事物の中に聖なるものの働きあるいはそのすがたをみようとするこのような考え方は、われわれ日本人には受け入れられやすかった。このような神話的民話的自然観こそ、日本文化の基底にあるものと考えることができよう。

今この文章を読み返してみると、内容は間違っていないとは思いますが、前半はいささか大げさで面はゆい感じがします。それはともかく、森を吹き抜ける風に何者かの言葉を聞くようなことがたしかにあります。

先日も散歩の途中で立ち寄ったある神社のこと、突然、無数の小さな乾いた音が頭の上を過ぎていきました。楠の巨木が葉をこすり合わせていたのです。何万もの硬い葉が言葉を語っているようでした。

山という神

花について書いてきましたが、山についても書きます。山は日本人の宗教観にとって重要です。というのは、山はしばしば日本では神であるからです。ご神体といわれる山は、日本中のどこにもあります。

二〇年以上も前、妻と次女と奈良見物をしたことがあります。春日大社の正装した神主さんたちに見とれていたわたしに、興味があるなら儀礼を見てもよろしい、と許可が出ました。二週間後、わたしはかの儀礼を見るためにまた奈良にいき、神々に供物を捧げる儀礼をまじかに見ることができました。一時間以上、縁側に正座していたため、足がとても痛かった。

仏教の儀礼というよりは、インド由来のプージャーつまり供養によく似ていると思いましたが、特に印象に残ったのはその縁側からご神体と考えられる山々が正面に見えたことでした。神々である山々に神主たちは呼びかけていました。

山がご神体であるといわれて多くの日本人は納得します。その場合、神という語の指すものについて人々は深く考えませんでした。神自身の姿を求めた人がいなかったわけではありません。春日明神《かすがみょうじん》や天照大神《あまてらすおおかみ》の姿が絵に描かれることもあったのですから。

日本にはご神体を山とする神社が多くあります。関西の桜井市の大神《おおみわ》神社のご神体も三輪山です。この山には物見遊山で登ることは禁じられているのです。この神社の分社としての三輪神社は日本全国至るところに見られます。

名古屋の市街地にも三輪神社分社がありますが、その近くに山はありません、ここには、毎日多くの人が訪れます。彼らは三輪山のことは聞いてはいるでしょうが、ご神体の山は彼らの心の中にあればそれでよいのです。

春日大社の場合も、参拝者たちのほとんどは、ご神体として山と春日大明神との関係などは考えません。山は神の存在を示す印だ、という人もいるでしょう。では、その印はどのようにして神を示すことができるのでしょうか。

春日大明神の姿を見たいとわたしは思いますが、それは間違った望みなのだと春日大明神はおっしゃるはずです。そもそも、ご神体、という言葉も人々の間では特別な意味を持たないのです。ご神体という語も不要なくらいです。

日本人にとって山といえば富士山です。新幹線の車窓から見えるこの山の姿も美しいのですが、この山の美しさを見ることのできる地点は数多くあります。この独り盛り上がったような

図６　即身仏を祀る横倉寺（横倉、岐阜県）

富士山の周りに、他の山がないからです。

　富士山を神と崇める人々のグループに富士講がありました。富士信仰は弥勒信仰とも関係があります。弥勒如来がこの世に降りてくるのを待つ下生《げしょう》信仰が、富士山のあたりでも江戸時代に盛んになりました。

　弥勒は五億年、あるいは五六億七五〇〇万年後にこの世界に降りてくるそうです。降りてきた弥勒と一緒に弥勒の浄土に昇るという上生《じょうしょう》信仰も生まれました。五億年は誰も待てません。ある者は蛇の姿になって待とうとしました。蛇になるのは難しいと思った人は、即身仏となって弥勒を待ちます。

　岐阜県揖斐出身の僧妙心は一八一五年、即身仏になっています。食を断って入定する際の文書が残されています。その文書は弥勒について触れていませんが、彼は富士を信仰していました。

彼の入定の地は富士の見える相模でした。明治初期の廃仏毀釈の時、居場所を失った妙心のミイラは、故郷の揖斐の萩原に帰ったのです。今はかつて学問寺であった横倉寺《よこくらじ》にいます。膝を折った姿で彼は弥勒を待っています。五億年は待つにはあまりに遠いのですが。

山の話のはずが、即身仏の話になってしまいました。ともかく、日本は山国です。日本人は山の麓に住みながら、その土地ごとに山を尊きものとして崇めてきました。

わたしの関心は、山がご神体だといわれる場合、山とご神体との関係はどのようなものか、ということです。さらにご神体と神との関係も気になります。

山との関わりでは修験の修行も無視できません。七世紀後半に活躍した役小角《えんのおづぬ》が祖といわれる修験は、古代の山岳信仰を母胎としていると考えられます。その修行は通常、山の中で行われます。尾根を歩いたり、滝に打たれたりして苦行を重ねます。超能力を得ることが目的とされることもありました。

修験では神降ろしが行われます。修験の発生に関しては詳しいことは分かっていないようですが、後世は仏教特に密教、あるいは神道と密接な関係を持ちます。吉野の金峯山寺や出羽三山などは今日でも修験の修行が盛んです。

名古屋からＪＲ中央線で北上すると、木曽福島に着きます。ここには修験の修行で有名な御嶽への登山口があります。駅の横には御嶽神社の分社もあり、山伏姿の人も多く見かけられます。他の駅とは雰囲気が違います。

修験では中座《なかざ》と呼ばれる人に神が降ります。神が降りる中座の前に前座《まえざ》が坐ります。前座は中座に神が降りる場合のいわば導師です。中座に降りた神の言葉を聞くのは前座の務めなのです。

どのような神が中座に降りてきたのか、を確かめるために、前座は神に向かって名をお名乗りください、といいます。中座は神懸かりになっており、神の操り人形のようになって降りてきた神の名を口にします。

わたしも神降ろしを体験したいと考えた時期があります。しかし、入り口というか登山口手前で引き返しました。心不全を起こして死んでしまうに違いない、と思われたからです。修験の神降ろしは広い意味での憑依だと今では考えています。

また山から話が逸れてしまいました。しかし、山の魅力というか秘密は山という場にあるようです。ある行者がいいました。山では仏も神もいらない、と。山には樹と水と空の命があるという意味でした、納得できます。

古代インドの山の神

古代インドでも山は神でした。詩人カーリダーサは、王子の誕生、の中で詠います。

北方にヒマーラヤという名の　神格を備えた山の王がいた
東と西において海へと入り　大地を計る物差しのようだった（一・一）。
すべての山々は　ヒマーラヤを仔牛とみなし
乳搾りの巧みな須弥山を乳搾り人として　輝く宝や薬草を
プリトゥ王に命じられた〔牝牛の姿の〕大地より搾り出した（一・二）。

やがてヒマーラヤ山と妻メーナーとの間に、娘パールヴァティーが生まれます。娘の名は山（パルヴァタ）の娘を意味します。山子ちゃんといったところです。山の娘の美しさをカーリダーサが詠います。

すべての譬《たと》えの基準を集め　順に並べて置きながら
努力して創造主は彼女を造った
あたかも一つのものに集められた

美しさを見たいと思ったかのように（一・四九）。

「王子の誕生」の中では山の娘の描写が続きます。父ヒマーラヤは山のイメージを持ち続けるのです。ヒマーラヤ山が母の膝のように描かれます。父が母なのです。母メーラーはほとんど姿を見せません。

山の娘パールヴァティーはやがてシヴァ神と結婚します。インド神話の中でもっとも有名な女神となるのです。女神は一般に生類を産み、また一方では生類を殺します。生きものを自らの中に収める器となることが多いのです。

女神パールヴァティーは、しかし、そのような器にはなりません。彼女は他の者の身体へと侵入していく力なのです。インドでは力のことをシャクティといいますが、シャクティには女神の意味もあります。

後世のヨーガ理論では、シヴァはリンガつまり男根の姿をとって女神シャクティの容器となります。女神の力の具現であるクンダリニーは蛇の姿をとってかの釣り鐘型のリンガに巻き付き、その後、頭をもたげて脈の中を上方に突き進みます。

このイメージは日本舞踊の娘道成寺を思い起こさせます。釣り鐘に巻き付いた蛇が口から火を吐くのは奇妙な一致です。ただインドの場合、シヴァは従順な夫役を務めるのであって、安珍のように白骨になってしまう、ということはありません。

ところで、先ほど、創造主といいました。インドでも世界の創造主がいるのです。男神ブラフマーです。もともと、ブラフマンとは呪力ある言葉でした。それが時代を経て男神ブラフマーとなったのです。

インドでは三、四世紀頃にヴィシュヌ派とシヴァ派が統一されました。その際、その二派の仲立ちをしたのがブラフマー信仰です。ブラフマーが世界を創造し、ヴィシュヌがそれを維持し、シヴァが世界を破壊する、そしてブラフマーがまた造るというのです。

しかし、この宇宙のサイクルを乱す異変が起きました。魔神ターラカ、おそらく彗星でしょうが、邪悪な星が現れ、天変地変が続きます。困ってしまった神々は創造主ブラフマーを訪れ、なんとかしてほしいと頼み込んだのです。

その頃、魔神ターラカによって苦しめられた天の神々は、インドラ神を先頭にして、自生者ブラフマーのもとにゆきます（二・二）。

まだ睡蓮がねむる池に太陽が現れるように現れたブラフマー神に、神々はまずご機嫌をうかがいます。

あなたは父たちの父　神々の神

優れたものの優れたもの　創造者たちの創造者です（二・一四）。

窮状を訴えた神々にブラフマーは答えに窮します。というのは、自分が神々に殺されることは決してないようにしてほしい、というターラカの願いをブラフマーは許してしまっていたからです。

「毒の樹でも育てておいて、自分で切るのはよくない（二・五五）」と創造主は逃げにまわります。それでも、ブラフマーは魔神を退治する方法が一つある、と神たちに告げます。かの山の娘とシヴァとの子がターラカを退治する、と教えたのです。

シヴァの住み処はヒマーラヤ山脈のカイラーサ山にあります。雪で白いこの山の宮殿で二人はハネムーンを楽しみました。やがて、パールヴァティーとシヴァの間には王子クマーラが生まれ、この王子は子供のまま、軍神となりターラカを退治するのです。

バリ島のアグン山

日本の山の話のつもりが、ついついインドの話になってしまいます。寄り道ついでに、バリ島の山についても書いておきます。バリ島の東北部に聖なる山と呼ばれるアグン山があります。この山は方角の呼び名を決めるほどにバリ人にとって重要です。

三一〇〇メートルほどのこの山の中腹には、バリ・ヒンドゥー教の本山ベサキ寺院があります。バリではこの山に向かう方向、カジャ、は浄なる方向であり、海に向かう方向、クロッド、は不浄なる方向と考えられています。

図7　門ブンタール（バトゥワン寺、バリ）

バリのほとんどの寺院の入り口は、鋭角三角形の山を縦に切り裂いたような格好をしています。切り裂かれた左右の面に装飾は一切ありません。山を切り裂いて異界へと入るという意味が込められているのです。
いうまでもなく、キリスト教の創造主は、バリ島のベサキ寺院に祀られる山の神と違います。インドの創造主ブラフマーともかなり違います。しかし、どこがどのように違うのでしょうか。

インドの場合、旧約におけるような創造が考えられてはいません。ブラフマー神による創造の力は世界の素材の中にあったのです。ヒンドゥー教の歴史を通じて世界と神との関係が問題になりましたが、世界の質料因（事物が生成するための素材）を離れた神は考えられませんでした。

第二の問い

仏教はいかに広がったのですか?

仏教ではいわゆる初期仏教とその後に広がった大乗仏教とは大きく違うように思います。

キリスト教はイエスの死から三〇年ほどの間にパレスチナから遠く離れたローマをはじめ沿岸の主な町に伝播しました。そこから頑なにユダヤ教の遺産を守る一派と、キリストの福音を民族や言語、性別や社会の身分などを超えて、非ユダヤ人（異邦人）にまで広げようとする一派が対立しました。そして、キリストの福音は「民全体に与えられる大きな喜び」として、世界宗教の道を歩みはじめます。

仏教も単なる個人の「悟り」を追求することから、大衆の「救済」を軸にすることによって、世界に伝播してゆきます。日本を含め、仏教はいかに広がり、展開していったのでしょうか。

先生にはこれまでにアジアにおける仏教の歴史についての著作がありますね。教義、儀礼、図像などのさまざまな側面で仏教がどのように変容を遂げてきたのかが先生の関心であるようです。

先生はわたしにもこれまでにその一部分を語ってくれました。日本における仏教、特にほとけたちの姿をまとめて語っていただければ幸いです。

キャサリンより

日本への仏教の伝播について書く前に、まずインド仏教の沿革をお話しします。紀元前六、五世紀の仏教誕生の後、紀元前後までの仏教を初期仏教、それ以降七世紀中葉までを中期仏教、その後、一三、四世紀の仏教消滅までを後期仏教とわたしは呼んでいます。

紀元前後に大乗仏教、マハーヤーナが台頭しますと、大乗仏教徒たちはそれまでの仏教を小乗仏教、ヒーナヤーナと呼びました。

小乗とは小さな乗り物、大乗とは大きな乗り物を意味します。大乗仏教徒は、自分たちの乗り物は大きく、僧たち以外の者の悟りを考えているが、小乗の者たちは専門僧たちの悟りのみを考えている、と考えて、自分たちの仏教をマハーヤーナと呼んだのです。

たしかに、衆生を救う使命を帯びた菩薩の思想は小乗にはなく、大乗仏教になって初めて生まれてきた考え方です。しかし、少なくともインド中期仏教までは僧院中心主義がとられていました。今日の日本に見られるような在家を中心とした宗派はありませんでした。

今日では小乗仏教という名称はほとんど用いられることはなく、テーラヴァーダ仏教、つまり、長老の教えの仏教と呼ばれています。それ以前の仏教を大乗仏教徒が見下した命名だったからです。テーラヴァーダ仏教は今日東南アジアに流布していますが、出家者たちを中心としたかたちをとっています。

仏教の基本的な諸概念は初期仏教において作られました。後の中期および後期の仏教にあっても初期の遺産を引き継いでいます。いわゆる小乗仏教と大乗仏教とは根本的に異なったものではありません。

インド後期仏教にあってはタントリズム、密教が盛んになりましたが、タントラとは儀礼を重んじ、特殊なヨーガを推奨する経典を指します。そのような経典を中心にした道という意味でタントラ主義と呼びます。タントリズムは日本や中国では密教と呼ばれています。

タントリズムはヒンドゥー教やジャイナ教にもあります。インド仏教の場合には五世紀頃からインド仏教消滅まで見られました。大乗仏教の一つのかたちとして仏教の密教はあったのです。初期仏教タントリズムにはヒンドゥー教に対抗した面もあったのですが、一〇世紀頃以降の密教はヒンドゥー教の襞に呑み込まれていきました。

仏教の日本への導入

仏教はバラモン教におけるブラフマンのような根本原理の存在を認めていません。開祖ゴータマ・ブッダは特定の神に帰依したわけではありません。ブッダは戒律を守りながら修行をして悟りに行く道を薦めたのです。しかし、日本に至る頃までに、仏教は大きく変容していました。

インドにおいて大乗仏教の経典は紀元前後から作られはじめ、六世紀頃までには密教経典を除いて、重要なインド大乗経典の編纂は終わっていました。般若経典群、阿弥陀経などの浄土教経典、『法華経』などの大乗経典が僧侶たちの間では読誦されていたのです。しかし、インドにおいて、大乗仏教教団と呼ばれるものが従来の教団とは別にあった、とは今日考えられていません。

日本に仏教が導入されたのは六世紀中葉です。それまでは、それぞれの部族の伝統に従って祭儀が行われていました。

六世紀の日本において仏教は、仏教導入に積極的であった蘇我氏と、聖徳太子を中心とした仏教研究グループによって驚異的なスピードで理解されました。仏教的な概念もなかった日本で、『法華経』、維摩経などの大乗経典に対する注が著されたのです。もっともそれは朝鮮半島の仏教僧たちによる指導や援助があったおかげです。

インドでは五世紀頃から密教、タントリズムの台頭が見られます。かの有名な般若心経は四世紀頃の作と思われます。この経典は、後世のチベットでは顕教と密教の両方に属すと考えられました。七世紀のインドでは『大日経』の出現によって密教が確立されたのです。

八世紀には奈良を中心にインドの非密教の仏教の六つの流れすなわち、アビダルマ仏教を学ぶ倶舎宗、空思想を学ぶ三論宗、唯識思想の法相宗、戒律の細目を学ぶ律宗、三論宗に近い成実宗、さらには、華厳経に基づいて中国で発達した華厳宗が学ばれていました。

インドでは、ブッダの死後、二世紀ほどを経るとさまざまな存在、つまりダルマについて論議に専念するアビダルマ仏教が生まれ、紀元一世紀頃までにはその教学を体系化していました。四〇〇年頃、世親がこの体系を倶舎論に纏めましたが、この倶舎論を倶舎宗では学びます。

二〇〇年頃、龍樹がアビダルマ仏教を批判して、『中論』を書きます。アビダルマ仏教では因や果がそれぞれ恒常不変と考えられたのに対して、龍樹は因も果も自体を欠いたもの、すなわち空なるものと主張しました。『中論』などの三つの論書を重視したので、この学派は三論派と呼ばれました。

倶舎論を書いた世親は唯識思想の確立者でもあります。彼はアビダルマ仏教が考えた世界像を観念論化しました。世界を、自分を含めて八つの認識の所産だというのです。このような意味でこの思想は唯識あるいは法相宗《ほっそうしゅう》と呼ばれます。

戒とは、僧たちの誓であって罰則はありません。律は僧たちの行動の規範であり、破った場合の罰則を伴います。大乗仏教徒は、それ以前のテーラヴァーダ仏教における律よりも緩やかな律を守ります。奈良仏教にはまだ大乗戒はありませんでした。

成実宗は三、四世紀に成立した成実論に基づいています。この論書は、一切が空なるものであることは認めるのですが、もろもろのものが仮に存在していることも認めています。三論宗および倶舎宗に近いところもある考え方です。

代表的な大乗経典である華厳経の最終的な編纂は中央アジアといわれます。インドでは華厳経に基づく学派は作られませんでした。中国において華厳教学が成立したのは七世紀から八世紀にかけてです。日本には八世紀、中国の道璿《どうせん》がはじめて華厳経を招来したといわれます。

以上述べたような奈良仏教は八世紀末、都が京都に移されたあたりから変化あるいは衰退を余儀なくされます。また奈良仏教の変質は、九世紀の二人の巨人最澄と空海によって早められます。インド仏教の理解に努めていた日本の仏教は日本的特徴を得たのです。

世界という概念

八世紀初頭に大和朝廷の権威付けの意味もあって『古事記』が編纂されます。この書はそれまで各氏族に伝えられていた神祇の伝統が纏め始められていたことを示しています。もっとも神道が組織だった理論を有するのは一〇世紀に入ってからです。

『古事記』の中に日本列島の誕生が語られているのはご存じでしょう。しかし、古代日本人たちは世界あるいは宇宙について、詳しい考察をめぐらすというようなことはありませんでした。インドの古代文献におけるようには、『万葉集』に哲学的歌はありません。

そのことを憂いているわけではありません。万葉の時代には仮に朝鮮半島への出兵のようなことがあったとしても、日本の人々はおおむね穏やかな時の中に暮らしていたことと思われます。民族の存亡の危機を常に意識する必要もなかったでしょう。

それゆえに古代日本人に世界や生類についての歌が少ない、ということはできないでしょう。ようするに、日本人は哲学が苦手なのです。そもそも、世界という概念は哲学史の中では新しいものでした。インドでも『リグ・ヴェーダ』の世界創造に関する歌の編纂は最も遅いのです。

旧約において創世記は初めの章ですが、「はじめに神は天と地とを造った」の文に世界という語がないのは、当時、まだ世界という語がなかったからだ、とヘブライ語の先生であったアブリ神父から聞いたことがあります。また創世記は旧約の中では編纂の遅い部分に属します。インドでは『リグ・ヴェーダ』以降に成立したウパニシャッド群の時代では、世界にこだわります。ともかくも眼前にあるもろもろのものを一つのまとまりとして考えないと承知できない民族がインド民族であるようです。インド人は哲学の民です。

仏教の開祖ゴータマ・ブッダも、回りの世界を一つのまとまりとして捉えるというインドの伝統を受け継いでいます。もろもろの感覚器官を通して得た情報を再構成した周囲世界を考えました。五蘊《ごうん》、すなわち五つの集まり、という考え方でした。五蘊とは物質、感受、単純観念、記憶・心的慣性、および認識をいいます。

すでに述べたように、ブッダはある根本原理から世界が流出したとは考えませんでした。さりとて、限られた数の要素がまずあって、それらの組み合わせによって世界が生まれた、とも考えませんでした。彼は因果関係によってこの世界が生まれたと主張したのです。

かの五蘊の考え方はその後の仏教の世界観を決定づけました。この考え方では、一人の人間の周囲世界がいわゆる世界・宇宙でしたから、仏教はその後の歴史の中で一人の人間とその周囲世界との問題に終始しました。すなわち、仏教は自然、社会、歴史の問題には消極的だったのです。

ブッダのイメージ

ブッダは八〇年生きたといわれますが、彼の生年はいまだに不明です。紀元前六世紀なのか五世紀なのか、百年の開きがあるのです。しかし、彼が悟りを開いてからの約半世紀の記録は充分に残っています。

彼は今日のネパール領のルンビニーで生まれたのですが、育ったのは生誕の地より南西にすこし行ったカピラ城でした。この城の地が今日のネパール領にあったのかあるいはインド領にあったのかは、はっきりしません。

彼はバラモン階級にではなく武士階級に属していました。彼はシャカ族の太子であったのですが、出家し、修行の末、悟りました。その後四五年の間、ガンジス河中流域を説法して歩きます。当時のマガダ国の王にも会ったと伝えられています。

彼の教えは、正しい道を歩んで悟りに至るならば、人生の苦の原因である無知を破ることができるというものでした。おそろしく真面目でありかつ自明の教えでした。もっとも、その実践はとてつもなく難しいのですが。

ブッダが八〇歳で亡くなった時には周辺からさまざまな部族が集まり、彼の遺体は荼毘に付されました。それぞれの部族はブッダの舎利、つまり遺骨や遺灰を持ち帰り、ストゥーパ（仏塔）を作って舎利（シャリーラ）を祀ったのです。当初、ストゥーパはブッダの舎利を祀ったものであり、ブッダの死つまりニルヴァーナ、涅槃《ねはん》の象徴でした。

仏塔はブッダの死の直後に作られたと思われますが、仏像の出現は紀元前後のガンダーラ美術まで俟《ま》たねばなりませんでした。仏教史の中で仏像の無い時代や地域はあったのですが、仏塔のない時代も地域もありません、それほどに仏塔は重要なのです。

仏塔の意味は時代とともに変わっていきました。ブッダの涅槃の象徴だった仏塔は、やがて

図８　ヨーニの上のリンガ（エローラ、インド）

世界を意味するものとなりました。仏塔の形は卵形だったのですが、卵は古代インドでは宇宙の形でもあったのです。

ヒンドゥー教のシヴァ神のシンボルはリンガつまり男根です。古代インドにおける男根崇拝がシヴァ崇拝に組み入れられたのです。シヴァ教ではリンガは卵形ともなり、シヴァの力のシンボルとなりました。

仏塔には平頭《へいとう》、ハルミカー、が上部構造として付きますが、リンガの上部には何もありません。しかし、仏塔もリンガも卵形を基本としています。両者は世界を意味しているのです。

仏塔は死の象徴であり、リンガは性力を象徴します。仏教徒は仏塔を右回りにまわって尊崇の念を表すのですが、ヒンドゥー教徒たちは仏塔を左回りにまわって忌の意味を表します。表向きの意味は正反対なのですが、裏では両者とも同じものを指しています。

さらに仏塔は、瞑想するブッダ自身の姿を映したものとも考えられました。カトマンドゥ盆地のほとんどの仏塔の平頭には、スヴァヤンブーナート仏塔におけるように眼と鼻が描かれています。これは仏塔がブッダが坐っている姿を表しているといえましょう。

図９　スヴァヤンブーナート仏塔（カトマンドゥ、ネパール）

仏滅後二、三世紀を経るとブッダの身体的特徴が大きく変わります。瞳が青い、指の間に水かきがある、舌が長くて細いとか、一つ一つの毛髪が右旋しているといった三二の良い相が考えられました。
このようにしてブッダのイメージは時代とともに超人化されました。彼には煩悩はなく、さらに彼は煩悩の原因となる色・形のある世界も離れました。ブッダはようするに透明人間であったと主張する部派も現れたのです。当初、仏教徒たちはブッダを人間に似た彫像には表しませんでした。紀元前四世紀、アレキサンダー大王の遠征は、ギリシャ文化をペルシャの地に植え付けましたが、その影響によってやがてインダス河を超えてインドにもヘレニズムが伝えられました。このインドにおける新しい文化の一端がガンダーラ美術です。ちなみに、ヘレニズムの時期は一般にアレキサンダー大王の遠征から、例のクレオパトラ七世のエジプトが終わるまでをいうようです。

ガンダーラの地ではブッダが人間の姿の彫像に表現されました。それまではブッダの存在は法輪とか椅子とかによって象徴されていたのです。仏教誕生以前に盛んであったヴェーダに基づいたバラモン教の儀礼にあっても、人間の姿の神の彫像は用いられませんでした。

紀元前三、二世紀頃にはバラモン教がかたちを変えて生まれかわったヒンドゥー教が勢力を持ってきました。ガンダーラ美術の時代までは、しかし、ヒンドゥー教の神々の彫像も作られませんでした。

これは不思議なことではありません。日本の神道にあっても神々の像は造られていません。今日、神社において神々の像は並んではいません。もっともときどき神像が見られますが、それは仏教の影響と見てよいでしょう。

ガンダーラ美術の出現とほぼ同時に、デリーから南に車で一時間ほどのマトゥラーでも仏像の制作が始まりました。ガンダーラ美術はそれほど長くは続きませんでしたが、マトゥラーでは仏教やヒンドゥー教の尊像、さらにはジャイナ教の像などの制作がその後、長く続きました。

東南アジアでは一二、三世紀までは大乗仏教が流布しており、密教的な大乗仏教も見られましたが、一三、四世紀以降はテーラヴァーダ仏教が流布し今日に至っています。

テーラヴァーダ仏教では、大乗仏教のようには、菩薩、明王、女神、天などが活躍しません。その代わりをブッダ一人が務めます、遊行するブッダ、食事するブッダ、瞑想するブッダ、休憩するブッダなどのイメージが決まっており、それぞれの姿が描かれました。

ところで、目連や舎利弗といった弟子たちは剃髪しています。髪の毛を生やした目連の像などを想像することは愉快ですが、ともかく、髪の毛の無いブッダは見たことがありません。

ブッダはアーリア人ではありませんでした。ガンダーラ美術に表されたようなギリシャ的な顔立ちではなかったと思われます。ブッダ像の頭髪は小さく纏められた髪が無数に並んでいます。螺髪と呼んでいます。ようするに、彼は髪を剃っていなかったのです。

わたしの推測ですが、ブッダは誰かの弟子ではなく、彼自身、教団を率いたのですから頭を剃らなかったのでしょう。

もう一つ、ブッダの頭上には、肉塊つまり肉髻《にくけい》があります。ヨーガの修練が進むと頭蓋骨の継ぎ目から汁が出てやがて瘤になる、と聞いたことがあります。ブッダはヨーガ行者でした。ブッダの頭頂も盛り上がっていたのでしょう。もっとも、この肉髻は一般には智慧の印といわれています。

ヨーガによって頭上にこぶがあった行者はインドに多くいたはずなのに、どうしてブッダの像のみに肉髻があるのでしょうか。ジャイナ教の祖ジナの像にも肉髻らしきものが見られますが、それはおそらく仏教の祖ブッダの像に影響を受けたからでしょう。

大乗仏教の神々

大乗仏教の寺院でも仏自身のイメージは実にさまざまですが、ブッダを中心としたほとけたちのシステムが作られました。仏になるための修行者としての菩薩、仏の妃としての女神、仏法を守る役目の忿怒尊《ふんぬそん》などが生まれました。また、日月の神格化やヒンドゥー教から取り入れられた神々など、例えば、帝釈天や梵天などもそのシステムに組み入れられました。

インドにおいてこうした仏教のパンテオンができあがるのは、六世紀頃と思われます。それは密教の台頭と関係しています。密教において重要なマンダラについては後に述べますが、器としての世界に今述べた神々が並んでいる図がマンダラです。

すでに触れたことですが、インド仏教の歴史において、ブッダのイメージはかなり変わっていきました。当初、ブッダは出家僧の姿に表されたのですが、やがて髪を結い、胸飾りをつけ、華麗な衣を身に纏ったブッダ大日如来が登場します。

妃と抱き合った姿のブッダや水牛の顔をしたブッダも現れます。ようするに、剃髪した比丘の姿から美しく着飾った仏となり、妃と抱きあい、さらには動物の顔をしたブッダも現れたのです。

このようにブッダのイメージは俗化の路を辿ったといえます。その俗化は密教の台頭と関係します。菩薩のような姿の仏が現れたのは、密教における人間の捉え方と関係するのです。

密教の寺院にあっても着飾ったブッダの像とともに、いうまでもないことですが、比丘の姿の像も安置されています。ブッダのすべてのイメージが密教的になったわけではありません。

密教における仏の代表は大日如来、ヴァイローチャナです。この名前は太陽の輝きを表していたと考えられます。東大寺の大仏もヴァイローチャナつまり毘盧遮那《びるしゃな》ですが、この仏は大乗経典の一つである華厳経の中で説法する仏であり、後世の密教における大日と無関係ではありませんが一応異なる仏です。

大日如来はもともと修行をはじめたばかりの者でした。瞑想をしようとする彼にすでに悟りを得ていた仏たち、四仏が、そのような修行では悟りを得ることはできませんよ、と語りかけます。驚いた大日はかの仏たちの指導によって修行を積み、やがてかの四仏をも統べるような大如来となります。

ここで如来、タターガタという語について述べておきます。タターとはこのように、ありのままに、というほどの意味であり、アーガタとは来た者を意味します、タター・アーガタとは、しかるべく来た者、如来と訳されてきました、しかし、当初は、タター・ガタつまりありのままに悟った者の意であったようです。如来は一般に釈迦牟尼如来とか大日如来というように用いられています。

ちなみに、釈迦牟尼（シャカムニ）の牟尼《むに》とは古くは寡黙な人を意味したのですが、仏教経典では聖者というほどの意味です。インドの聖者はおしゃべりというか雄弁だ、とわたしは思いますが。

この大日の物語はゴータマ・ブッダが悟りを得る話を下敷きにしています。釈迦は出家し、修行の後に悟りを得て、人々に教え、涅槃に入りました。そのように大日もまた修行の後に悟りを得て如来となるのです。大日はかの釈迦仏の密教ヴァージョンといえます。もっとも大日は涅槃には入りません。すでに涅槃に入った仏なのですから。

それにしても大日如来とはいったい何者なのでしょうか。この仏の姿がこの世界であるとか、この世界の命が大日であるとか、わたしはこれまでに幾度も聞いてきました。大日と世界との関係こそわたしにとって最も興味ある問題です。

この如来にも、他の釈迦牟尼如来や阿弥陀如来と同様、国土があります。釈迦の国土はわれわれのこの娑婆《しゃば》世界です。娑婆のサンスクリットであるサバーはホールを意味します。阿弥陀仏の国土は十万億土の彼方にある極楽、スカーヴァティーです。大日如来の国土は蓮華蔵世界だといわれますが、どこにあるのでしょうか。

大日の蓮華蔵世界はこの娑婆世界に他ならないという人々もいます。しかし、娑婆世界にはすでに釈迦牟尼が存在します。釈迦牟尼と大日とは明らかに異なるほとけです。では、釈迦と大日は娑婆世界でどのように住み分けをしているのでしょうか。

初期仏教ではゴータマ・ブッダが世界そのものではありませんでした。シャカムニはガンジス河中流域を説法してまわる指導者でした。大乗仏教において仏自らは徐々に動かなくなり、つまり、行動しなくなります。仏は瞑想に入ったまま念力によって菩薩を働かせるのです。

密教ヴァージョンとして大日が出現した理由は何であったのでしょうか。わたしは、時代とともに仏と世界との関係に関する理解に、変化が起きたからだと考えています。

阿弥陀如来と大日如来

現在の日本仏教にはさまざまな宗派がありますが、わたしは真宗と真言宗に特に関心を懐《いだ》いています。この二派の考え方は日本仏教のみならず、大乗仏教の考え方をも代表すると思われます。

真宗の祖親鸞は、釈迦が世に出たのは阿弥陀仏の本願を明らかにするためであった、と考えました。本願とはすべての人を救いたいという願いのことです。親鸞によれば、阿弥陀の存在は釈迦のそれに先行します。これは歴史的には誤りだ、という批判があるかもしれませんが、一つのセオロジカルつまり神学的な立場としては可能でしょう。

さらに親鸞は計らいを捨てよといいます。人は阿弥陀の光の中にあり、この仏の恵みに対する感謝の中で行動すべきだ、と彼は主張しました。また阿弥陀信仰にあっては死後の魂の行方が問題となります。すべての人の魂を浄土に迎えたい、というのが阿弥陀の本願でした。

一方、真言宗の祖空海によれば、この世界は地水火風空および認識という六つの要素から成っていますが、それらの要素がどのように組み合わされてもそれはマンダラです。さらに世界の部分もまたマンダラなのです。

したがって、一本の樹、一人の人間もマンダラであるということになります。さらに世界もその部分も大日如来の身体です。このように世界のあらゆるものが聖なるものなのです。

阿弥陀仏はこの俗なる世界の外へと人々の魂を導こうとします。大日如来は世界の中にあって世界を聖化するブッダです。この二人のブッダは相反する働きを有するようですが、この二人は一人のブッダの二面を語っている、と思われます。

人は世界から離れていかねばならぬことを知りつつ、この世界の中で生きています。シャカムニもまた人が死ぬことを意識したからこそ、規律を守って生きよ、と教えたのでしょう。阿弥陀仏がシャカムニの生涯の浄土教的ヴァージョンであり、大日如来が密教的読みかえである、とわたしは考えています。大乗仏教全体から見るならば、仏を歴史的存在である釈迦牟尼と、その解釈である阿弥陀仏と大日如来の三人のブッダを三位一体として、考えることができるのではないでしょうか。そのブッダの名は、無量光大日如来。あなたはこれまでに聞いたことはないでしょう。そのはずです、わたしの命名なのですから。

阿弥陀仏は無量光とも無量寿とも呼ばれます。この仏に関する経典としては、一、二世紀には現在のかたちとなった阿弥陀経と、それよりも一、二世紀遅れて成立した大無量寿経が重要です。

この仏の起源はよく分かっていませんが、二種の起源が考えられます。西アジアのゾロアスター教などからの間接的影響を考えるのか、ゴータマ・ブッダのイメージや職能の変化の結果とみるかです。今日、そのどちらであるかの決着はついていません。

阿弥陀経などによれば、阿弥陀仏の国土はあまりに遠く、われわれは生きている限りそこに行くことはできません。阿弥陀に帰依する者は死後その国に生まれることはできます。ようするに、この仏の浄土は死者の国だといえましょう。

阿弥陀如来と世界との関係は、大日如来と世界の関係とは異質です。というのは、大日はこの世界の中にいますが、阿弥陀はこの世界の外にいながらその外の世界つまり浄土から光という姿でわれわれに働きかけると思われるからです。

仏教の仏たちは釈迦と阿弥陀と大日の三人のみではありません。しかし、これらの三人は仏教の仏たちを代表していると思われます。ゴータマ・ブッダという歴史的存在から、阿弥陀と大日、すなわち、世界を超えて世界を浄化しようとする仏と、世界の中にいて世界を内から浄化しようとする仏が生まれたのです。阿弥陀仏に関しては宗派によって理解が異なります。すでに述べたように親鸞は、阿弥陀仏がシャカムニの生まれる前から存在しており、シャカムニが世に現れたのは阿弥陀仏の本願を説くため、と考えました。このような阿弥陀仏信仰も一つの神学的立場としては考えられるでしょう。

金剛界マンダラの四仏

修行を始めた大日は四仏たちに導かれて覚者となった、と述べましたが、その四人とは

図 10　金剛界マンダラ（『タントラ部集成』第 22 番）

阿閦《あしゅく》、宝生《ほうしょう》、阿弥陀、不空《ふくう》の如来たちです。

『大日経』に説かれる胎蔵マンダラと並んで代表的なマンダラに、『金剛頂経』に述べられる金剛界マンダラがあります。金剛界マンダラでは今記した四仏が大日の四方に並びます。阿閦が大日の東に、宝生が南に、阿弥陀が西に、不空が北に坐ります。

金剛界マンダラが絵図に描かれる時には、手前すなわち下が東です。大日の身体の色は白、覚勝印《かくしょういん》つまり

図 11　覚勝印を結ぶ大日（所蔵：興正寺、名古屋）

左手の人差し指を立てたまま、右手で左の人差し指を握るという印をほとんどの場合、結びます。もっとも左右が逆の場合もあります。また多臂《たひ》の時もあります。彼の乗り物はライオンです。

東の阿閦は青色で、右の指先を大地に付けています。これはゴータマ・ブッダが悟ったことを大地の女神に告げたという伝承に基づいているのです。左手は軽く膝の上に置かれるか鉢を持っており、象に乗ります。

南の宝生は黄色、右の掌を前方へ向け、願いを叶えるという印、与願印を結びます、馬が乗り物です。西には阿弥陀が、赤色で、二つの掌を合わせて瞑想のための印を結びます。孔雀に乗っています。浄土教における阿弥陀仏が密教に取り入れられたのです。北の不空は緑色、右の掌を前方に見せながら上にあげ、畏れるな、の意味を表す印を示し、ガルダ鳥に乗ります。以上の四人のほとけは金剛界四仏と呼ばれており、金剛界マンダラの中核なのです。

図12　金剛界五仏（ガウタム・バジュラーチャーリヤ画）

大日如来は太陽に譬えられます。東方の阿閦の青は朝焼け、南方の宝生の黄は昼、西方の阿弥陀の赤は夕焼け、北方の不空の緑は夜を意味している、と解釈されることもあります。象、馬、孔雀、ガルダ鳥の速度は順に速くなっています。

現代のネパール画家ガウタム・バジュラーチャーリアが描いた絵図（図12）では仏たちは飾った姿で、つまり菩薩形で描かれています。九世紀初頭、空海は胎蔵マンダラと金剛界マンダラを唐より請来しました。その後の日本ではこの二つのマンダラが重視され、今日の日本ではマンダラはこの二つしかないと思っている人もいます。

インド、ネパール、チベットでは胎蔵マンダラは重視されませんでした。金剛界マンダラはその後のさまざまなマンダラのモデルとなったのです。一九世紀のチベットでは一三九種のマンダラ集成が編纂されました。このマンダラ集成の中で第二二番が金剛界マンダラなのですが、この集成の構成を見ていくと、金剛界マンダラがマンダラの歴史の中で中核となっていたことが分かります。

図13　勝楽尊（ガウタム・バジュラーチャーリヤ画）

金剛界マンダラは七世紀末から八世紀にかけて成立したと思われますが、その後、一一、二世紀を経ると通常の人の姿ではない、つまり、異形の密教仏が登場します。臂《ひ》が四本以上あり、頭蓋骨杯を持ち、腕には蛇を絡ませ、しばしば妃を抱くといった姿のブッダたちです。

それらの恐ろしいほとけたちの内には、象の生皮を被り、三叉戟《さんさげき》を翳《かざ》し、髪には三日月の飾りをつけた者もいます。明らかにヒンドゥー教のシヴァ神の特徴を取り入れた結果です。足の下にはシヴァ神が踏みつけられています。当時、仏教徒たちは、もはや彼ら独自の神のイメージを作ることができなかったのでしょう。

恐ろしい仏たちは中国において宋の時代にわずかに知られていたようです。もっとも明朝や清朝にあっては、チベット仏教が導入されましたので、さまざまな異形の密教仏が知られていました。日本にもそのような後期密教の経典の漢訳は入ってきていますが、日本仏教の歴史の中ではそれらの恐ろしい姿のほとけたちへの信仰は広まることはありませんでした。

これまで密教のほとけたちすなわち尊格について書いてきましたが、ここで一つことわっておきます。密教が広まった地域では、かの異形のほとけたちの像以外にはないというようなことはありません。伝統的な柔和な仏たちの像も造られ続けられたのです。

弥勒菩薩

弥勒についても触れておきます。このほとけは仏でもあり菩薩でもあります。菩薩、ボーディ・サットヴァ、とは、ボーディ、悟りに向かうサットヴァ、勇気を持つ者という意味です。

図14　弥勒（所蔵：雍和宮、北京）

富士信仰について書いた時にすでに触れました。弥勒はシャカの滅後この世に生まれてくる未来仏なのですが、その生誕は五億年あるいは五六億年後のことだそうです。

時々、弥勒の化身であると自称する人が、今日でも現れています。お腹の膨れたかの布袋さんは歴史上の人物なのですが、今のところ唯一の公認といってもよい弥勒の化身です。

弥勒の名はインド初期仏教の時代にすでに知られていました。さらに、浄土教典、例えば、大無量寿経には、弥勒菩薩がこの娑婆世界から阿弥陀仏の浄土を見る場面が描かれています。つまり、弥勒は菩薩としてはすでにこの世界にいたのです。

弥勒のよく知られた造形は大仏あるいは巨大な菩薩像です。西チベットと呼ばれるラダック地方から、中央チベット、さらには中国、そして韓国にかけて巨大な弥勒の像が数多く残されています。それらの内のあるものは如来の姿であり、あるものは菩薩の姿です。バリ島、ミャンマー、カンボジアでも弥勒は知られています。

須弥山の上方の兜率天《とそつてん》に住む弥勒が下界に降りるのは何億年も後です。弥勒の下生を待ちきれず、死後、弥勒の浄土である兜率天に生まれて、弥勒と共にこの世界に降りるという上生信仰が生まれました。多くの人が死後、弥勒の浄土に生まれることを願ったのです。

しかし、弥勒信仰には強力なライバルがありました。阿弥陀信仰です。特に古代中国では弥勒の浄土に行くか、阿弥陀の浄土に行くか、人々は迷いました、隋の頃になると阿弥陀信仰に軍配が上がりました。唐以降は阿弥陀仏の浄土に行きたいと思う人がほとんどとなったのです。元来、兜率天往生は阿弥陀仏の極楽往生からの影響だったと思われます。

朝鮮半島や日本では半跏思惟の弥勒が有名です。朝鮮半島では、七世紀頃を中心として半跏思惟像が数多く造られました。

薬師如来

薬師如来についても触れておかねばなりません。薬師は如来と呼ばれますが、薬師は元来、如来ではなく医師なのです。人々にとって信仰も大事ですが、まず寿命が大事です。他のアジアの国におけると同様、日本でも薬師信仰は盛んでした。

京都の東寺では金剛界五仏を祀った講堂よりも、薬師を祀った金堂の方が大きいのです。チベット仏教においても薬師如来を中尊としたマンダラがあります。アンコール遺跡でも、この像は薬師だ、と案内人がいっていました。

観音と観自在

菩薩の代表は観音、アヴァローキタ・スヴァラ、です。「人々の声（スヴァラ）」を「観た（アヴァローキタ）」、聞き分けた者という意味です。観音という訳語はすでに二世紀にありました。唐以降は、観自在、アヴァローキテーシュヴァラ、が用いられました。助けを求める人々の声を「聞き分ける（アヴァローキタ）」に「堪能な者（イーシュヴァラ）」の意です。『法華経』に組み入れられている『観音経』は元来独立した経だったのですが、その原型は紀元一世紀頃には成立していたと思われます。

ローマ世界と交易していたインド商人たちの船はしばしば嵐に出会ったことでしょう。そんな時、観音菩薩の名を称えるならば嵐は静まる、などと『観音経』には書いてあります。商人たちのキャラバンはまたインド大陸を南北に走るデカン高原の稜線を往来したと推理できます。盗賊に襲われることもあったでしょう。そんな危機に際して、観音の名を称えれば盗賊の難から逃れることができる、とあります。観音にはどんな欲張りなお願いも許されると思われていたようです。

図15　華厳寺山門（谷汲、岐阜県）

観音信仰は今日の中国や日本には根強く残っています。日本には観音霊場の巡礼路が幾つもつくられていますが、それらの一つに西国三十三観音霊場巡りがあります。この巡礼路は、紀伊半島の南端にある青岸渡寺《せいがんとじ》を第一霊場としてはじまり、京都や滋賀の観音にゆかりのある寺々を回って、岐阜県谷汲《たにぐみ》にある華厳寺（図15）を願いが成就する寺、つまり満願寺《まんがんじ》とします。

例の富士山麓で入定した妙心の出身地はこの寺の近くです。この谷汲には時々行きます。母の里の揖斐の近くだということもありますが、春は桜、秋は紅葉の名所であって参道では団子や田楽を食べることもできます。

谷汲の華厳寺の本尊は十一面観音（図16）ですが、長谷寺、三井寺、六波羅蜜寺《ろくはらみつじ》、中山寺などの本尊も同じであり、よく知られた観音の姿です。十一とは四方、四維、上下、中央です。ようするにこの菩薩はあらゆる方角に顔あるいは面を向けているのです。

観音は人を救うために変化身を示すことで有名ですが、『観音経』羅什訳には三十三の化身が述べられています。この菩薩は梵天、自在天、将軍、毘沙門天、長者、竜、夜叉などに変身します（図17）。ちなみに、サンスクリット・テキストでは化身の数が異なります。

観音の人気はその霊験にあります。観音を信仰する者たちは、観音の超自然的力による救いを願いました。今日、多数の観音霊験記が残っています。今昔物語や宇治拾遺物語にも観音を信仰した者が体験した不思議とか、病人が観音の力によって元気になったとかの話が数多く残

図16　十一面観音（所蔵：谷汲山華厳寺、本尊御影）

図17　毘沙門に化身する観音
（『普門示現図』台北市、1985より）

されています。

アメリカでも聖母マリアの奇跡が数多く語り継がれていることは、キャサリン、あなたもご存じでしょう。わたしは観音の信仰者ではありませんが、それらの霊験記がすべてまったくのフェイクとも断言できません。未知のことに対して括弧に括る心を忘れないでおこうと思っています。

地蔵菩薩

地蔵菩薩はシャカがなくなって弥勒が生まれるまでの何億年の間、六道に迷う人々を救うといわれます。繋ぎのほとけです。

人は死ぬと三途の川を渡ります、船賃は今の金で三〇〇円。親よりも前に幼くして死んだ子供は三途の川を渡る前に、親に先だった罰としてその川の河原で石を積み上げねばなりません。今も川岸や海岸に石の塔が造られてあるのを見ます。これは子をなくした親が子供に代わって石を積んだのだと考えられます。冥府は意外に近く、歩いて行けるところにあるようです。

賽の河原、つまり、三途の川の岸で、子供たちが石を積んでいると鬼が現れて子供たちが積みあげた石を蹴散らしてしまいます。そこに地蔵が助けに来るのです。地蔵がどんなふうに鬼

図 18　地蔵（『五百尊図像集』250 番）

たちを追い払うのか、知りたいと思いますが。

　地蔵のサンスクリットはクシティ・ガルバです。クシティすなわち大地をガルバ、孕んでいる者という意味です。地蔵さんは観音のように地上で華麗に活躍しません。ひっそりと大地の下で働いているといったイメージの菩薩です。

　観音は餓鬼の世界や地獄の世界に降りていきませんが、地蔵の活動場所は地下の世界なのです。彼は地獄の閻魔大王と死者の運命について交渉できます。今昔物語一七巻には、地蔵の力によって冥界から蘇った人の話が幾つもあります。

　それにしても、地蔵さんはなぜ坊主頭なのでしょうか。これは、中国において、地蔵に仏弟子目連のイメージを重ねたためだそうです。目連が餓鬼界に堕ちた母親を救う道を釈迦に尋ねたという話は有名ですが、目連はブッダの弟子ですから、頭を剃っていました。

地蔵は中国では剃髪、あるいは独特の帽子を被った姿で登場します。ネパール、チベットでは地蔵は髪を結い、美しい衣を着ています。日本では地蔵は道祖神と結びつき、男根のかたちをしていることからも推測できるように、安産の神でもあります。キャサリン、あなたも赤ちゃんの涎掛けを掛けた石の地蔵さんを京都のあちこちで見かけたことがあるでしょう。あれも地蔵が安産の神であることと関係があると思われます。

女神たち

日本の仏教では、ほとけたちは仏、菩薩、明王つまり忿怒尊、天という四グループに分けられてきました。女神たちに独立したグループはありません。女神たちは菩薩あるいは天のグループの中に組み入れられたのです。

例えば、観音を女神にしたような女神ターラーは多羅菩薩、世を支え持つといわれる豊穣の女神ヴァスンダラーは持世《じせ》菩薩、そして弁天、つまり女神サラスヴァティーは弁財天とも呼ばれています。

一方、インドやチベットでは女神たちのグループは強大であり、仏、菩薩、明王と並んで独立したグループを設定すべきでしょう。神々の組織という意味のパンテオンはギリシャ語を借りたものです。インドには一つの宗教・宗派の神々の組織を指し示す語はないようです。一二世紀頃のサンスクリット・テキストにも仏も天も神々、つまりデーヴァと呼ばれているのみです。

中国や日本の仏教では女神たちは軽視されてきたようです。日本では、伝統的に女神たちは独立したグループとして考えられてきませんでしたが、インドやチベットの仏教と比較しながら日本仏教を考える場合、日本仏教にあっても女神たちに独立したカテゴリーを与えるべきだと思われます。

般若

般若という女神がいます。プラジュニャーの俗語パンニャーの音写です。般若とは悟りの智慧のことです。インドやチベットでは、般若は智慧の女神と考えられています。般若と聞いて、日本では般若心経が有名ですので人は般若心経を思い起こすでしょう。

般若と呼ばれる能面が知られています。恐ろしい形相の面です。あの面は女の怨念を表したものだそうです。わたしはまだ般若の形相の女性に取りつかれたことはありませんが、あの形相の面をどうして般若と呼ぶのか疑問に思ってきました。

今のところのわたしの仮説は次のようなものです。平安期には、源氏物語にも見られるように、怨霊がやってくると、般若経をよみあげたようです。女官たちは、ああ、おそろしい、般若経をよみあげましょう、などといったのでしょう。

始めは、般若あるいは般若経は悪霊退散のためのものであったに違いありません。後世、能楽ができてきて、例の恐ろしい面は般若と名付けられました。悪霊の面相に悪霊の敵である般若という名をつけたのです。うまい方法です。悪霊を忌む気持ちがそうさせたのだとわたしは考えています。あるいは、男たちは恐ろしい般若が好きだといえば言いすぎでしょうか。

図19　般若女神（ガウタム・バジュラーチャーリヤ画）

なぜ女の怨念なのか、男の怨霊はどうなのか、などとも考えます。ともあれ、般若は仏教パンテオンの中では重要な女神です。インド、ネパール、チベットでは経典と数珠を持つ美人です。カトマンドゥ盆地の町角ではしばしば般若の像が祀ってあります。

昔、授業で、般若心経の般若は悟りの智慧の具現としての女神だ、と話したと

図20　空行母（所蔵：ビジェーシヴァリー寺院、カトマンドゥ）

ころ、授業に出席していた若い僧侶が怒り出しました。悟りを女性と見立てるのは許せない、という言い分だったようです。日本では般若を女神として考えることは一般的でないようです。

荼枳尼天

荼枳尼天《だきに》も恐ろしい女神です。日本では彼女たちは天と呼ばれていますが、インド、ネパール、チベットでは仏の妃ともなるハイランクの女神です。ダーキニーのダークという語は飛ぶこと、駆けることに関係するようです。ヒンディー語で郵便のことをダークといいます。

チベットではダーキニーはカンドーマ、つまり空飛ぶ女と呼ばれています。

ネパールの大乗仏教でも空飛ぶ女のイメージは定着しています。カトマンドゥ盆地のある仏教寺院の境内には、長い髪を揺らせ、裸で、空を駆ける女神の絵が見られます（図20）。ようするに魔女です。

この女神に願い事をして、それがききとどけられたならば一生この女神に仕えねばならない、といわれています。日本でも、鞍馬山にある仏教寺院の住職は、毎晩、かならず荼枳尼天を祀っている、と語っていました。彼が何の願い事をしたかは知りません。

図21　荼枳尼天（所蔵：興正寺、名古屋）

日本ではこの女神は稲荷信仰と結びつきました（図21）。京都の伏見稲荷がよく知られています。あなたもここを訪れたことがあるといっていましたね。赤い鳥居が幾百と並んでおり、鳥居のトンネルができています。

鳥居については後に説明しますが、稲荷はもともと豊穣の神だったようで、しばしば米俵に乗った女神として描かれています。日本において荼枳尼天信仰と結びついたようです。

お稲荷さんを祀る神社にはきまって狐の像が置かれています。この狐との結びつきも日本において起きたことのようです。しかし、なぜ狐だったのかは、わたしには分かりません。

図22　不動石像（所蔵：興正寺、名古屋）

不動明王

明王は通常、孔雀明王を除いて、忿怒の形相の男神です。仏母《ぶつも》孔雀明王という女性の明王もいるようです。仏母とは仏の母親という意味ではなくて、女神というほどの意味です。

仏法を守護することが明王の役目です。如来の使者ともいわれます。明王とは文字通りには明、ヴィドゥヤーすなわち真言の王を意味します。明王たちは密教の中で活躍します、浄土教では明王は現れません。

ネパールやチベットの仏教ではさまざまな明王が登場しますが、日本の密教における代表的な明王は不動です。七世紀頃成立の『大日経』では不動の姿が次のように説明されています。手に剣と羂索《けんさく》を持ち、辮髪を頭の左に垂らし、片方の目は斜視であり、忿怒の形相で岩の上に坐り、童子の姿で、小太りである、と。日本で絵に描かれている不動の姿はほとんどの場合、この『大日経』の説明によっています。

降三世明王

京都東寺の講堂にある五大明王の彫像はよく知られています。ここでは不動のすぐ横に降三世《ごうざんぜ》明王の像が置かれていますが、この場合の三世とは貪《むさぼ》り、瞋《いか》り、無知の代表的な煩悩を指すといわれます。貪瞋痴《とんじんち》の三毒を降伏したゆえに降三世と呼ばれるのです。

この明王は一般に四面八臂に描かれますが、金剛鈴、弓、宝剣、元来はシヴァの武器であった三叉戟などを持ちます。両足の下には大自在天つまりシヴァ神とその妃ウマーを踏みつけます。このイメージは七、八世紀の『金剛頂経』に記されていますので、当時、仏教徒がヒンドゥー教教徒にかなりの対抗心を持っていたことが分かります。

しかし、三叉戟などの武器はヒンドゥー教から拝借していたのです。当時、仏教徒は自分たち独自の仏のイメージを作り上げることが、もはやできなくなっていたのでしょう。インドでは結局、仏教は一三世紀頃までにヒンドゥー教に吸い込まれてしまいました。

天

天のグループには、バラモン教あるいはヒンドゥー教由来の神々が属します。例えば、帝釈天は日本では仏法を守る守護神として知られていますが、かつてインドラはバラモン教の聖典『リグ・ヴェーダ』における英雄神でした。彼は、後世、帝釈天として仏教のパンテオンの中に組み入れられたのです。

『リグ・ヴェーダ』において司祭たちによって呼び出された神インドラは、ヴリトラという名のドラゴンを退治して世の中に水を取り返します。ヴェーダ期以後、インド神話ではドラゴンはほとんど登場しません。インドで蛇といえばコブラなのです。中国風の竜も知られていません。

金剛という語の意味は金剛界マンダラの説明の際に述べましたが、金剛、ヴァジュラとは元来はインドラの武器としての雷のことでした。インドラは山に掛かる雲つまり羽を雷によって切って、あちこちに移動していた「山（チャラ）」を「動かないもの（アチャラ）」としたといわれます。

後世、インドラはヴァジュラ、金剛を手にした者、すなわち金剛手として仏教の尊格となりました。紀元二、三世紀のガンダーラの作例に、金剛を手にしてブッダの後に従う者が見られます（図23）。おそらくこれが帝釈天の初期の姿と思われます。

帝釈天と並んで梵天《ぼんてん》、ブラフマー神も日本仏教ではよく知られています。元来は、中性名詞ブラフマンは呪力ある言葉、宇宙原理を意味したのですが、男神ブラフマーとして男性名詞で呼ばれるようになりました。この人格化された神は仏教パンテオンにも取り込まれ梵天となりました。梵天像はしばしば髪を団子に結っています。

図23　ブッダに従うインドラ。左手に金剛を持つ（インド博物館、ベルリン）

東寺の講堂には仏、菩薩、明王のグループを含むマンダラが見られますが、そのマンダラの両端には帝釈天と梵天の像が置かれています。

弁財天

弁財天、サラスヴァティーの出自は古く、『リグ・ヴェーダ』に現れます。この女神は水と関係があり、天を流れる川の名であったともいわれます。日本では芸能や文芸の神として崇められています。

吉祥天

女神シュリーも女神ラクシュミーも吉祥天と訳されます。ヴェーダに由来するこれらの二神は古くから同一視されてきました。シュリーとは繁栄、ラクシュミーは印を意味します。印とは、例えば、財産としての牛に押された烙印のようなものです。

九曜

天体もまた仏教のみならずヒンドゥー教にあっても神々となりました。九曜《くよう》とは日、月、火星、水星、木星、金星、土星、さらには、彗星《ケートゥ》と日月食を起こす星ラーフという九つの天体を指します。
カトマンドゥ盆地では亡くなった近親者の霊への法要の際に、砂で作った九つの団子を九曜のシンボルとして作って並べます。結婚式などの日取りも九曜のめぐりあわせによって決められますが、亡くなった後の魂さえ九曜に握られていると考えられているのです。

北極星

北極星は妙見菩薩、北辰菩薩というように菩薩の名で呼ばれます。この星は航海する者や漁師たちにとっては重要な目印でした。儒教の信者たちの間でも尊崇され、童子形や童女形にも表されます。わたしのアパートから歩いて行けるところに妙見町があります。

マカラとキールティムカ

ここまで大乗仏教の神々について述べてきたのですが、それらの存在と異質なマカラとキールティムカという二人の怪物について書きます。彼らはいったい何者かを一言でいうことは難しいのですが、ともかくマカラからお話しすることにしましょう。
お国自慢ではありませんが、名古屋城天守閣の金鯱《きんしゃち》は有名です（図24）。天守閣に鯱を上げる

図24　名古屋城天守閣の金鯱

のは織田信長のアイデアだそうです。この鯱には鱗がありますが、シャチは魚ではなく鱗はないはずです。マカラは海に住む怪獣、海獣と考えられていました。

鯱はインドではマカラと呼ばれていました。この神話上の動物は、バビロニア、エジプト、ギリシャ、インド、中国などを旅して日本にたどりついたのです。

屋根の上で逆立ちした姿は中国の建築様式の影響と思われます。今日、北京の故宮や雍和宮《ようわきゅう》などの寺院建築に鴟尾《しび》として残っています。鴟尾はチベット系の一一～一三世紀の西夏《せいか》の国にすでにありました。海の神が屋根の上に登ったのは、雨請いや火伏せの役を課せられるようになったからでしょう。

マカラはクンビーラとも呼ばれます。この語の音写が金比羅《こんぴら》です。香川県の琴平にある金刀

図25　マカラ（パタン旧王宮、カトマンドゥ盆地）

比羅宮では海上守護の神として信仰を集めています。この神社はもともと土地神を祀っていたのでしょうが、外国から来た鰐《わに》の格好のマカラへの崇拝と結びついたと考えられます。

カトマンドゥの街の泉では、石造りのマカラが水を噴き出しています（図25）。マカラは自らの口から動物を、その動物の口からは魚を出し、その魚の口から水が流れています。北京市内の建物でもマカラの格好の雨樋から雨が流れ落ちています。

マカラの腹には渦巻き模様が見られます、というよりも渦巻き模様がマカラのお腹なのです。渦巻きとは物が生まれる象徴ですが、マカラには創造力があります。マカラの口から生まれ出るということは、水あるいは海の中から生まれてくることを意味します。

海獣マカラのイメージの源は古代オリエントの天文学にあるようです。三六五日と数時間で地球は太陽を一周します。太陽は他の天体に比べ毎日四分ずつ早く昇ってきますが、一年後には、四分の三六五倍、すなわち約一日分早くなります。したがって地上からは星座が約一年で地球を一周したように見えます。

地軸を傾けたまま地球は太陽の周りを回りますから、地球の方からは太陽は一年間で一定の帯の間を上下するように見えます。春分の日を基点にして、この帯を三〇度ずつ一二等分します。そして、その一二等分された空域に星座が一つずつ入ります。

一年を通じて太陽が現れる空間に位置するもろもろの星座の中では、動物に関した星座が多いので、獣帯と呼ばれていますが、かの一二の星座によって仕切られた空域が十二宮です。十二宮の一つがマカラ宮 すなわち 磨羯宮《まかつきゅう》なのです。太陽は冬至から一月二〇日頃まではこの宮にあります。一般にマカラ宮は山羊座、キャプリコーン、と呼ばれます。

この星座の海山羊《うみやぎ》のイメージはすでにバビロニアにあったそうです。牧人と家畜の神パーンが怪物テュフォンに襲われてナイル河に飛び込んで逃げようとした際、化けそこなった姿といわれています。西洋や日本ではバビロニア以来の伝統を踏まえて、山羊座は上半身が山羊、下半身が魚という海山羊の姿で表されます。

愛知県春日井市の内々《うつつ》神社には見事なマカラ像が残っています。日本武尊《やまとたけるのみこと》が戦友の訃報を聞

図26　マカラ（向って左）（内々神社、愛知県）

いて、「うつつかな」と嘆いたという神話がこの神社のはじまりと伝えらえています。この神社は一九世紀初頭に諏訪の宮大工立川氏によって建てられました。この一族の末裔の一部は今日名古屋の南の知多半島に残っています。

知多地方の仏教寺院や神道寺社にはこの一族の作品が残っています。わたしの父の里は中津川、つまり諏訪と知多の中間です。宮大工の立川氏と父の立川氏に関係があるか否かは分かりません。立川の一族が諏訪から南下する時、一部が中津川に残ったのではないか、などと空想して楽しんでいます。

中インドのサーンチーには大きなストゥーパが残っていますが、そのストゥーパの前にはトーラナと呼ばれる門があります。このような門は、日本に伝えられて鳥居と呼ばれています。

図27　仏教寺院本堂の屋根（向拝に見られるトーラナ）

トーラナはインド起源のものであり、聖域へ入る際の門のことです。トーラナが中国から日本に伝えられた当初は、仏教寺院において建てられたようですが、今日の日本では独立した門としては神社のみに建てられています。

仏教寺院では本堂の向拝《ごはい》と呼ばれる屋根の下に組み入れられています。少し離れてみると張り出した本堂の屋根の下に、鳥居つまりトーラナが入り込んでいるのが分かります（図27）。トーラナの梁の両側にはしばしばマカラの木彫が見られます。

マカラの旅の道連れは、キールティムカと呼ばれる怪獣です。キールティとは誉れ、名声などを意味し、ムカとは顔のことです。キールティムカとは文字通りには、誉れの顔を意味します。

キールティムカは恐ろしい力があり、これを見

図 28　教会の塔に見られるガーゴイル（フライブルク）

た者は恐怖を抱きます。大きな丸い二つの目、横に開かれた口、むき出しになった歯の並び、額を横に走る皺、全体の造作から見ればライオンの顔のようです。しかし、羊のような角がありますから、ライオンではありません。

キールティムカは鬼瓦のイメージの原型になったものです。屋根の上にいて魔物の侵入を防ぐ役目を負っていた、と思われます。ヨーロッパのキリスト教教会に見られるガーゴイルを思い出しました（図28）。あの恐ろしい姿をした怪物たちは彼らの恐ろしさのゆえに、魔物から教会を守る役目を負わされているのでしょう。

マカラやキールティムカは元来、建物や尊像の装飾品ではありません。これらの怪獣は仏教やヒンドゥー教の誕生以前から世界的規模において活躍していたのです。

図29　無常大鬼に捉えられた輪廻の図（カトマンドゥにて入手）

羽のあるライオンや馬、ライオンと馬と羊が合体したような動物、トカゲに羽を生やしたようなもの、これらの奇妙な動物は仏教やヒンドゥー教などの領域を越えてより広い領域において現れています。それらは古代の神話世界において時代や地域を越えて、人間の歴史の中に現れてきたイメージと思われます。マカラたちは人間文化の基層を支えてきた人間の仲間なのです。

キールティムカは輪廻の輪を咥える怪物として現れます。紀元前後のインドで仏教徒は六道輪廻を信じていたようです。ネパールやチベットさらには中国や日本でよく見られる輪廻図では鬼らしきものが輪廻の輪を咥え、両手で摑んでいます。口に輪を咥えて両手で輪の端を摑ん

図30　獅子が咥える儀礼用杯（出典：立川武蔵・大村次郷（写真『聖なる幻獣』集英社、2009：42-43）

でいる様からは、この怪物が輪廻する世界を捉えているように見えます。

今日一般に見ることのできる輪廻図の輪の下には、怪物の両足も描かれていますが、元来はこの怪物に足はなかったのです。この怪物らしきものは中国や日本では無常大鬼《むじょうだいき》と呼ばれてきました。この怪物がすでに述べたキールティムカであることは明らかです。かの怪物は世の無常性を見せつけている、と解釈されたのでしょう。

東南アジア諸国ではこの怪物はカーラ、つまり時間と呼ばれます。カーラとは死に神をも意味します。もっとも東南アジアではカーラに捉えられた輪廻図は見られませんが。

輪廻の輪を咥えるキールティムカの源泉は、古代シリアなどの儀礼用の香油容器にあるようです。シリア北部では、獅子の顔を縁に配した儀礼用の杯が出土しています（図30）。このような獅子の顔の付いた容器はシリア以外、メソポタミア北部、ヨルダン、パレスチナ、イラン北部などで三十数個見つかっています。ちなみに、ギリシャ神話のメドゥーサもキールティムカのもう一つの源泉だと思われます。

このような儀礼容器の制作年代は紀元前九、八世紀に遡ります。ライオンの口の下には小さな穴が開いており、この穴から儀礼用の香油が流し込まれたと考えられます。ライオンが丸い杯を両手で捧げ持っているというイメージが、今述べたような広範な領域において定着していたのでしょう。

この円形の杯を両手で握る獅子のイメージは、輪廻の輪を捉える無常大鬼とよく似ています。偶然とは思えません。

第三の問い

密教とは何ですか？

さまざまなマンダラを観る度、深い感銘をかねがね受けます。その意味について、いつも知りたいと思っていました。

キリスト教は二世紀以来グノーシス派や新プラトン主義の影響を受けます。そこでは決定的な「救済」を与える究極の真理は、通常の理性の下では捉えられないとされました。そして謎を謎として肯定し続ける「神秘主義」が台頭します。

「神秘主義」をどのように定義するかは難しい問題とは思います。今のところは、自己と宇宙あるいは神との合一を目指す在り方ということにしておきたいと思います。仏教では強大な力を有する神の存在を認めないのですから、そのような神との同一を求めることはないように思われます。

「神秘主義」という言葉を出してしまいましたが、ヒンドゥー教や仏教の理解にとってこの概念は有効なものではないような気もします。マンダラの意味するところはわたしにはまったくの謎です。ただ自己と聖なるものとしての仏との合一が問題になっているように思われます。マンダラについて語ってください。

もう一つ。マンダラは世界を写しているといわれます。もしもマンダラが全世界の図であるならば、キリスト教の神あるいはイエス・キリストもマンダラの中に現れるのでしょうか。唐突な質問ですが、これはわたしのまじめな質問です。

キャサリンより

すでに述べたように、インドでは五世紀頃から仏教の密教が台頭します。インドにおいて密教の運動はまず仏教において起きました。いわゆる密教的要素はヒンドゥー教が当初から持っていた、と考える研究者も多くいます。特に七、八世紀以降、仏教タントリズムはヒンドゥー教からの影響を強く受けたということは確かです。ヒンドゥー教は儀礼主義的な傾向が強いのですが、仏教タントリズム、つまり密教にあっても儀礼の重視が目立ちます。

仏教は当初は儀礼に対して消極的だったのですが、五世紀頃から、一部の大乗仏教徒たちは儀礼を積極的に取り入れていきました。当時まだ行われていたバラモンたちの火への奉献、ホーマを自分たちの修行の一環となるように組みなおして取り入れました。

密教の儀礼は多くの場合、マンダラという装置を用いて行われます。マンダラについてはすでに触れましたが、改めてマンダラについてお話しします。密教にとってマンダラは極めて重要なものですから。

五世紀頃には盆の上に幾つかの小さな仏像が置かれるといった祭壇が、儀礼の度に用意されていたようです。マンダラの始まりです。この携帯用祭壇はやがて地面に描かれ、弟子に密教僧としての印可を与えるための儀礼装置となりました。この様子が七世紀頃の『大日経』第二章に詳しく述べられています。

地面に描かれていたマンダラは、やがて心の中で描かれるマンダラへと変わっていきました。心の中でほとけたちを思い描くためには特殊なつまり密教的なヨーガの行法が必要でしたが、その行法では特殊なタイプのヨーガによってほとけたちを目の前に呼び出すのです。

ゴータマ・ブッダはヨーガ行者でした。ヒンドゥー教のヨーガ学派の聖典である『ヨーガ・スートラ』は紀元四世紀頃までに編纂されていました。『ヨーガ・スートラ』に述べられたタイプのヨーガでは心の働きをできるかぎり鎮めることが求められました。禅も一種のヨーガですが、禅にあっても心の働きは鎮められます。

七、八世紀頃から新しいタイプのヨーガが開発されていきます。密教的ヨーガの登場です。この種のヨーガでは心を凝らせます。つまり心の働きを凝縮させるとともに、活性化して強く鋭くしていくのです。

八世紀頃から密教では成就法と呼ばれる観想法が盛んに行われましたが、これは密教的ヨーガにより現前にほとけたちを呼び出して、そのほとけと一体になるといわれる行法です。これを「神秘的体験」ということも可能なのでしょうが、わたし自身は神秘という語をできるかぎり使わないようにしています。また、このような瞑想あるいは感想の方法にはシャマニズムに近いものがあると思われます。

マンダラはインドにおいて七世紀ころから盛んに作られたようですが、密教以外、つまり顕教では作られませんでした。ヒンドゥー教にも密教があり、ヒンドゥー教のマンダラもあります。ジャイナ教の密教もあり、マンダラに近い図も描かれました。

マンダラはようするに、器の上（あるいは中）に神々が並んでいるのを写した図です。実際に立体的な造形として作られることもあり、心の中でイメージされる場合もあります。外界全体がマンダラだと考えられることもあるのです。

キャサリン、あなたは何年も京都で暮らしたことがあるのですから、五山の送り火をご覧になったことがあるはずです。お盆に里帰りした死者たちの魂を見送るための火といわれています。八月一六日、盆の期間が終わったので、死者たちが帰るのです。

盆に張られた水に大の文字を映し、その盆を傾けてその水を飲む、といわれています。心の中の大の文字、盆に張られた水に映った大、山で燃えている大、これら三つともマンダラであると考えられています。

盆に映った大の文字を介して心と外界が一体、相同であることを体で知るための仕掛けが「大文字マンダラ」なのです。大の文字を映した心もマンダラだ、と書きましたが、この場合、心と身体との区別はほとんど問題になりません。

行者は自らの身体に下から順に四角の地、丸い水、三角の火、三日月形の風の要素を思え、と『大日経』にあります。汚れている地の輪から立ち上った気は水の輪において浄められ、次に火の輪において試練を受け、風となって上に昇っていきます。このような気の順路は密教的ヨーガの初期の段階を語っています。

『大日経』第二章では地面に描くマンダラが説明されていました。一方で、地面に描かれたマンダラの中に坐っている行者の身体もマンダラなのです。身体は、地水火風の要素からできており、宇宙と相同の関係にあります。自己と宇宙の一体性はインドが古代から持ち続けたテーゼです。仏教の密教も時代とともにこのテーゼを強く掲げるようになりました。

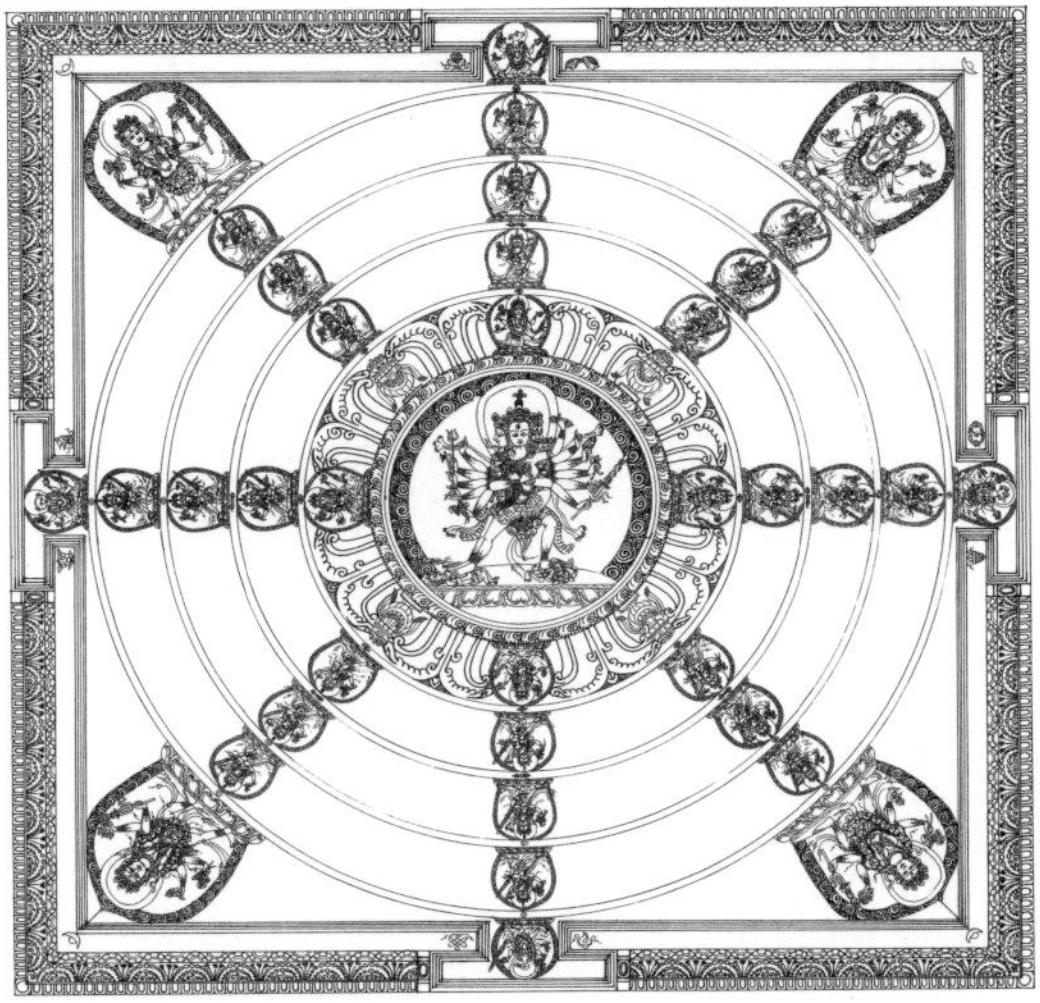
図 31　勝楽マンダラ（出典：『完成せるヨーガの環』第 12 章）

『大日経』や『金剛頂経』の編纂の後、一三、四世紀にインド仏教が滅ぶまで、インドではさまざまなマンダラが考えだされました。八、九世紀以降インド密教が滅ぶまでの期間、すなわち後期密教を代表するマンダラに勝楽《しょうらく》（チャクラサンバラ尊）のマンダラがあります。

　このマンダラでは中尊のブッダ勝楽の回り

図32　勝楽尊のイメージ

に三重の輪が見られます（図31）。その三つの輪は中尊の内側から心、つまり精神活動、口、言語活動、および身、身体活体を表しています。かの三つの輪には八尊ずつの女神が、それぞれの配偶者と共にいます。これらの神々のほとんどはインド大陸の巡礼地で祀られる神々です。チャクラサンバラ・マンダラの身体はインド大陸なのです。

インド大陸のみではなく、チャクラサンバラ尊は宇宙の姿もとります。このブッダの身体は宇宙的巨人のイメージで考えられています。心と口と身の三つより成る巨人の胴体はハムを輪切りにしたようです。スタイルはよくありませんが、絵に描くと図のようになります（図32）。

このようにインドではしばしば宇宙が神の姿をとります。インドでは世界を神の身体と考えるのは古く、紀元前一〇世紀頃の、ヴェーダの賛歌にも世界が宇宙的巨人の姿をとるとあります。

このようにインドの仏教タントリストたちはマンダラによって世界あるいは宇宙を理解して

いたようです。しかし、マンダラ図にはヒマーラヤ山脈やガンジス河、インダス河も現れません。もちろん彼らはインドのまわりにはさまざまな国や民族がいたことを知ってはいたのですが、それらの国々がマンダラの中で描かれることもありません。たしかに後期のマンダラは、地水火風という要素の上に立つスメール（須弥山）の上に建てられた宮殿の中に並ぶほとけたちがいるというイメージのもとに描かれます。しかし、他の国や民族には無関心だったといえるでしょう。

したがって、歴史的にいってキリスト教の神やイエス・キリストが描かれたことはないでしょう。しかし、忘れてはならないことがあります。すなわち、マンダラは人間と仏（あるいは神）との関係を確かめていくための方法なのです。それゆえ、もしわたしがこの時点で、ヤーヴェーとイエス・キリストと大日と阿弥陀の釈迦が登場するマンダラを描いたならば、キリスト教の神が登場するマンダラが成立します。実際のところ、仏教史におけるマンダラはそのようにして—それまでには登場しなかったほとけたちが新しく登場することによって—歴史を作ってきたのです。ただ、立川流キリスト・大日マンダラが社会的あるいは歴史的意味を持つか否かは別問題です。わたしがいいたいことは、マンダラはいつも変革あるいは新生を望んできたということです。

空海とマンダラ

このところ空海の『即身成仏義』を読んでいますが、読んで字のごとく「この現世の身のままですぐに仏になることができる」という書です。空海によれば、世界は地、水、火、風、虚空、認識よりできており、その六要素がどのように組み合わせられても、それはマンダラなのです。

さらに、空海はマンダラは四種あると述べます。その四種の内、第一の大マンダラは諸尊の身体の描かれた図や諸尊の身体自体です。第二の象徴マンダラはシンボルの描かれた図およびシンボルであり、第三の法マンダラは種子や真言が描かれた図や仏を象徴する文字です。最後の羯磨《かつま》つまり活動マンダラとは仏の行いや仏像を指します。

空海は仏の姿の並ぶマンダラ図以外にも一人の仏や菩薩の姿の図もマンダラであると明言しています。文字が並ぶ図以外にも一つの文字もマンダラであり、さらに例えば仏の持ち物である蓮の花もマンダラです。マンダラという語のこの用法はインド以来の伝統から逸脱しています。

日本語において曼荼羅という語の意味は分かりにくいものです。花曼荼羅、恋曼荼羅、人間曼荼羅、さらにはテレビ曼荼羅ともいいます。諸要素が無秩序雑多に詰まっておれば日本人はマンダラと呼びます。日本人にとってそれは無造作にオモチャが詰め込まれた箱のようです。

インド、チベットなどではマンダラをそのような意味で用いません。あるチベット僧が日本人はマンダラの何たるかを知らないと嘆いていました。彼の観察は歴史的にはまったく正しい、とわたしは思っています。しかし、オモチャ箱あるいはオモチャ一つをマンダラと呼ぶのも、空海以来の伝統であるとともに、日本人の考え方を示しています。

「あまりにもあいまいだ、がまんならない」とあなたは思うでしょう。これまでにもそのように反応したアメリカの友人がいました。神とか世界に関して日本人の考え方は整合的ではないとわたしも思います。哲学を志すわたしにとっては残念なことですが、日本人は歴史的に世界の構造に弱いのです。

マンダラは閉じられた空間としての世界を示しています。インドやチベットのマンダラは閉じられた空間の中にあります。世界を閉じられたものと考えるのがインドやネパールの伝統です。馬蹄形のように一方は完全に開かれているようなマンダラはありません。

一般的にいってインド人たちは世界の全体を把握しようとします。マンダラもその伝統を受け継いでおり、閉じられた世界を描きます。一方、中国人は全世界を閉じられたものと考えませんでした。自分たちの国の回りに異国の者たちがいても、それは自分たちの世界以外のことだったのです、古代の日本も宇宙を閉じられたまとまりとは考えませんでした。

一般にマンダラは閉じられた空間、つまり全世界を描いた図です。その世界図ではほとけたちあるいは神々が描かれています。このような意味では、マンダラは器世間《きせけん》つまり山川草木の上に住むほとけたちを描いた図であるということはできましょう。

マンダラの中尊がまわりのほとけたちを産むことはしばしばです。しかし、その中尊が自分の立っている土台つまり山川草木を産むことはまず考えられません。マンダラの中尊は世界の創造主ではないのです。

存在の根拠

インド仏教では世界の構造などについての詳しい分析がなされました。特に奈良時代以降、日本の仏教僧たちはインド仏教を通じて世界の構成要素および心のもろもろの作用について学びました。しかし、日本人が世界の構造について自らの哲学を築くことはありませんでした。もともと日本人の心の根底には、世界もその世界の創造主もないのであり、その世界の根源について思索することもほとんどなかったのです。

日本から見るとインドは確かに哲学の国です。初めには有とも無ともいえない何者かが存在して、それが展開して世界になった、などと約紀元前一〇〇〇年の成立の『リグ・ヴェーダ』にあります。しかし、その有とも無ともいえない存在はどのようにして生まれたのか、誰が造ったのかなどとはさすがのインド人たちも問いませんでした。ものはどうしてあるのであって、ないのではないのか、と問うたドイツの哲学者ハイデッガーのような者はいなかったのです。

すべての存在の根拠を有するものを神と呼ぶという考え方を、『リグ・ヴェーダ』の詩人たちに突き付けたならば、彼らはどのように返答したでしょうか。

すべての存在の根拠を、もし必要ならばその根拠の根拠をも有する者、それがキリスト教の主張してきた神なのかもしれません。

神と悪

「神はすべてを知っている」とあなたは言っていました。その全知全能の神が世界を創造したならば、なぜ神は悪を造ったのか、これはキリスト教の歴史の中で大きな問題であったと聞いています。わたし自身は、なぜ神は悪を造ったのか、と考えたことはありません。

悪は存在します。存在するからには神は悪を造られたに違いありません。それではなぜ神は悪を造ったのか、という問いの答えになっていない、とあなたは反論するでしょう。すべてのものに創造の目的がある、とキリスト教では教えます、ならば悪にも目的があります。人間をして悪に立ち向かわせしめるためだとわたしが言うならば、あなたは納得するでしょうか。話がまた逸れてしまいましたが、仏教の話に戻ります。仏教が問題にする悪は煩悩です。もっとも殺生、盗むこと、嘘をつくこと、姦淫などは、悪として仏教教団において厳しく禁じられていました。それは教団以外の一般社会においても同じだったことでしょう。

仏教教団勢力と世俗的権力との関係は複雑です。スリランカ、ミャンマー、タイ、カンボジア、ラオスなどにあっては、仏教勢力と王権とは反目することも協調することもありました。しかし、仏教僧たちが一貫して問題にしたのは個々の人の煩悩の抑制でした。この態度は大乗仏教の時代においてもほとんど変わりませんでした。

安易な比較はすべきではありませんが、たしかに仏教ではキリスト教におけるほど悪の問題を突き詰めて考えないようです。社会的な悪を滅するというよりも、個人の煩悩もなくすることが仏教の根本だと考えられているのです。

空海と最澄

もうすこし空海と最澄について書いておきたいと思います。桓武天皇は七九四年、都を平安

図 33　大興善寺（西安）

京つまり京都に移します。奈良仏教の勢力から遠ざかりたい、と考えたようです。新しい型の仏教を求めた最澄と空海の登場は朝廷にも好都合でした。

二〇一六年から一八年にかけて三度、わたしは西安を訪れました。空海が学んだ街です。空海の師恵果《けいか》の青龍寺《せいりゅうじ》は再建されていました。円仁が学んだ大興善寺には多数の僧や信徒が見られて盛況でしたが、この寺には特大の眉毛を付けた円仁像があったのを覚えています。

京都の街は唐の長安、今の西安をモデルにしたといわれています。西安では碁盤の目のように走る道路の区画が今も残っています。京の都の造営にかつての長安から学んだのだと改めて知らされました。西安滞在中には朱

図34　円仁像（大興善寺）

雀通りという名も見かけました。

最澄と空海が同一の船団で唐に渡ったということはまったく偶然でした。もともと前年に出発した最澄の船は嵐で日本に戻っており、一年後の再度の挑戦の時に空海が一行に加わったのです。この偶然が、しかし、その後の日本の仏教史の方向を定めました。

空海が唐で学び多数の密教経典を請来したことはすでに述べました。日本天台宗の代表であった最澄に密教への関心はあったのですが、唐における滞在期間も短く、密教を学んでくることはできませんでした。日本天台宗における密教の確立は後の円仁と円珍によってなされたのです。

天台宗は元来、法華経信仰に基づいていました。一方、『法華経』は密教とは直接関係がありません。中国の天台宗は密教と深く結びつくことはありませんでしたが、日本の天台宗は、法華信仰および中国天台の伝統を守りながら、自らの中に密教を含むことができたのです。

このようなことは前に触れたことのある日本人の思考のあいまいさ、といって悪ければ、包容力のたまものとわたしは考えています。思想における節操がない、とあなたは怒るかもしれません。しかし、空海の思想もあれほど自由で斬新であったからこそ、一二〇〇年経った今も空海は現代的意義を持つのだと思うのです。

『法華経』という経典はつかみどころのない経典です。一貫して一つのテーマを順序良く追っているわけではありません。けれども、この経典ほど人々の心を捉えてきた経もないのです。この経の触手に触れた人は知らぬ間にこの経の熱に捕らえられます。日本の文化史においてもっとも影響力のあった仏教経典は『法華経』でしょう。

『法華経』に基づいた宗派はインドではできませんでしたが、中央アジアを通って中国に伝えられた後、中国において重視されました。中国天台宗は『法華経』と空思想の二柱によってその教学を築いたのです。

三世紀頃成立の大乗経典『法華経』の主張したことは、次の二点です。小乗と大乗の区別を無視せよ、というのが一点です。第二は、仏は久遠実成、つまり永遠で実在するということです。このような二つの主張は、それまでの仏教では考えられないことでした。

『法華経』のこのような革新性は最澄の心を捉えたに違いありません。その革新性は遠く離れていた悟りと迷いとの距離を一気に縮めるように人々を促しました。このような革新的傾向は空海にも見られました。空海もまたこの世でこの身のまま、今、成仏できると主張したのです。

平安時代以降、日本では浄土教、禅宗、日蓮宗などの運動が見られますが、その新しい宗派の祖師たちのほとんどが天台宗の比叡山で学びました。この意味では、比叡山延暦寺は日本仏教の平安以降の仏教の源なのです。

最澄や空海の後、円仁と円珍は充分な期間、唐で勉学できました。この二人は空海が学んだと同様の密教を唐で学ぶことができたのです。円仁は八五四年以降一〇年、天台座主の任にありました。円仁の後、円珍も唐で学び、八六八年以降足かけ二四年、天台座主を務めました。円珍の後、天台宗には安然《あんねん》が現れます。彼の生まれは八四一年であり、彼の時代にはもはや唐に学ぶことはできなくなっていました。安然は天台密教を彼独自の方法によって展開しようとしたのです。彼の思想の特徴は、山川草木も成仏する、というものでした。

この思想は二つの観点から考えることができます。第一は「山川草木にどのような命があると考えられたのか」、第二は「成仏とはどのような意味の成仏だったのか」ということです。彼は自分の成仏説を子供たちに聞かせるおとぎ話とは考えていません。

非情、つまり心のない樹木が悟りを得ようと菩提心を起こし、修行し、そして成仏すなわち悟りを得るというのですから樹木などの擬人化が見られます。しかし、どのような擬人化なのかをわれわれは問わねばなりません。樹木が修行する姿を見ることはできなくとも、彼らも修行しているはずだ、と理論的に推論できるというのであれば、思想として脆弱でしょう。問題は、なぜ山川草木が成仏する必要があったか、ということです。樹木たちが生きているあるいは心を有する存在である、と考えたのは、世界が如来の身体だ、という空海以来の伝統を推し進めた結果です。空海のラディカルな理論は、安然において極端まで推し進められたといえるでしょう。

これは空海の思想への問いでもありますが、世界が如来の身体であるとは、密教の理論的帰結であるとしても、そのような思想は、今日、どのような意義を持つことになるのでしょうか。わたしは安然の思想をそのままで現代思想として提示することは難しい、と思っています。ただ自然の命をどのように理解するかは重要な問題です。

観音は女性か

「観音は女性だと昔から思っていた」とあなたはいっていました。たしかにバンコクの中国人街では、観音は娘娘《ニャンニャン》つまりお母さんです。名古屋の近郊には赤子に乳房を含ませている観音像があります。しかし、インドやチベットの文献では男性と表されてきたのです。

アメリカでは近年、キリスト教の神がどうして父なのか、性の区別があるのはおかしいという声が上がっているそうですね。わたしとしては、神が創造主ならば恐竜どころかアンドロメダ星雲よりも古いゆえに性の区別などとんでしまうはずだ、と答えたい。半分冗談です。わたしはわたしの本音をあなたに伝えましょう。いっそのこと、わたしの考える神は若く美しい女性であってほしい、インドでは大女神ドゥルガーが男神よりも強力なのだから。

こんなわたしの考えに対するあなたの返事をここに書き留めておきます。I dare you to write that（そんなこと書けるものなら書いてごらんなさい）。

それにしても、人はなぜこれほどまでに神仏を求めるのでしょうか。アジアの諸地域においても、人々はそれぞれの伝統に従ってなのですが、自分たちの神あるいは仏を探し求めてきました。欧米の近現代の思想史さえも神の概念を中心に進んできたのです。

第四の問い

日本人にとってキリスト教とはどのような存在なのでしょう？

長年にわたって、わたしは日本のキリスト教徒（カトリックおよびプロテスタント）の幾つかのグループと付き合いがあります。わたしは彼らの信条、社会的関心そして親切には深い感銘を受けています。

幾人かのカトリック信徒は日本におけるキリスト教徒にたいする迫害の歴史について語ってくれました。わたしにはかの弾圧は宗教的な問題というよりは政治的側面の方が強かったと思われます。

仏教はキリスト教をどのように捉えているのでしょうか。

キャサリンより

まず日本人のキリスト教に関する考え方をよりよく理解するため、キリスト教の神とヨーロッパの思想史について書いてみます。

旧約聖書と新約聖書の神への信仰はセム人の枠を超えて広がりました。旧約の預言者たちの中にプラトンやアリストテレスのような哲学者はいませんでした、イエスも神学者ではありませんでした。後のキリスト教世界は、しかし、プラトンやアリストテレスの哲学を内に取り込むことに努めたのです。その取り入れの過程の中で、神ヤーウェーはギリシャから輸入した最新の情報機器を用いて己が身分証明を行いました。

ヘブライの強力な神はその姿を民の前に現すことはありませんでした。シナイ山の頂を訪れたモーゼに対しても言葉で語りかけるのみだったのです。

神の姿を確かめるために、その後のキリスト教世界ではすさまじい戦いが起きました。この戦いは三つ巴のものでした。おおざっぱには観念論者といえるプラトン主義者、アリストテレス主義者、および神の権威を守ろうとする教会という三者が複雑に絡まりながら、神の存在証明を巡って争ったのです。

時の経つにつれて、かの山頂の要塞には神のイメージも、そのイメージを伝えるものもないらしい、という噂が、どこからともなく広がっていきました。キリスト教会もユダヤ教会もこの噂を抑えることもできず、人々にはっきりとした神のイメージを示すこともできませんでした。

そもそも旧約にも新約にも神の姿を明確に述べた箇所はないのです。にもかかわらず、人々は神あるいは神としか呼びようのないものの姿、あるいはその存在証明を求め続けました。やがてヨーロッパにおいても、神を世界の外に求めるのではなくて、世界に内在する神を求め始めました。神が世界そのものである、あるいは神の姿は世界である、と主張する者も現れたのです。いわゆる汎神論運動の台頭です。

ちなみに、神と世界との汎神論的関係は仏教的伝統の中にあるわたしにはまったく普通のことなのです。しかし、そのような汎神論者は異端の徒として斥《しりぞ》けられました。世界が神である、と唱えたスピノザはユダヤ教会から放免されています。

ドイツ観念論を実質的に完成させたイマヌエル・カントの方法は、用心深く、懐疑的なものでした。われわれの悟性さらには理性ももの自体を捉えることはできないと、彼は考えたのです。それでも彼は神の存在を信じて疑いませんでした。

ドイツ観念論の完成者ヘーゲルにとって神とは理性でした。彼の哲学もスピノザとは異なった意味での汎神論でした。ヘーゲルの後の哲学者たちの間には、どうしたわけか、彼の哲学を踏まえる者はむしろ少なかったようです。ハイデッガーやプロテスタント神学者ボンヘッファーもヘーゲルからではなくカントから出発しています。

ヘーゲル教授と直接に会話をしていた詩人ハインリヒ・ハイネはその著、ドイツ宗教哲学史の中でヘーゲルを取り上げていません。カントやフィヒテに関しては詳しく述べているのですが。ユダヤ人ハイネは、晩年、ヘブライの神に近づいていきました。

一九世紀後半にはニーチェが活躍します。神は死んだ、と初めにいったのはニーチェではないそうですが、彼の論調は、中世におけるようには神の存在を自明のこととして考えることができなくなった時代を代弁しています。しかし、心の奥ではニーチェもまた神を求めていたと思われます。

二〇世紀のドイツのハイデッガーの哲学の中心に神という概念は現れていません。しかし、彼は世界という概念を通じて神に代わるものを求めていた、とわたしには思えるのです。

アメリカやドイツに滞在した時、わたしは日本やインドでは感じたことのない威圧を感じていました。それは大学や人々との会話の中で感じたものですが、今になって思うのです、神を中心とした文化の重みのゆえではなかったのか、と。

わたしは世界を超えた神を中心にした文化の中で育ちませんでした。世界の中に神がいる、というよりも、あらゆるものが神である世界の中で暮らしてきました。

キリスト教では、神の存在ゆえに世界は聖なるものです。仏教的立場では世界は神が存在しなくとも聖なるものなのです。

日本におけるキリスト教

戦国時代、日本にもキリスト教が入ってきました。諸大名の中でも自らが信徒になる者も現れたのです。一七世紀の初めに徳川幕府が開かれた後も、信徒は幕府が怖れるほどの勢いで増え続けました。もしも一七世紀を中心として徳川幕府が禁止しなかったならば、今日の日本ではキリスト教は大きな勢力になっていたでしょう。

日本にキリスト教が広がり始めた頃のキリシタンが仏像を割って薪にした、という記録もあります。そのようなことも実際にあったのだ、とは思います。宣教師たちがローマ法王に日本をプレゼントしたいと考えた、ということも事実だったでしょう。

仏教、儒教、道教の導入に関しては寛容だった日本が、どうしてキリスト教をあれほどまでに弾圧したのでしょうか。単に政治的理由によるものなのか、仏教、儒教などとキリスト教との教義の違いも関係するのか、今のわたしには分かりませんが、興味ある問題です。

日本ではじめてキリスト教を布教したのは、イエズス会のフランシスコ・ザビエルでした。彼は一五四九年鹿児島に上陸し、領主島津貴久に布教許可を得ました。天皇に会って許可を得たかったのですが、天皇に会うことはできず、一五五一年、山口からインドに戻っています。

短い滞在期間にザビエルは一〇〇〇人ほどの信徒を得たようです。しかし、一六一四年江戸幕府が禁教令を出した時点では、五〇万のキリシタン信徒がいたといわれます。各地の大名たちが入信していたのです。今日の日本ではアクティヴな自覚的なキリスト教徒の数は五〇万といわれます。この数は明治期とはほとんど変わっていません。もっとも、ある統計によれば二〇〇万ともいわれていますが。

今日の日本の人口は一億三〇〇〇万弱ですが、一七世紀における人口は今の数分の一以下であったでしょう。それを思うならば、当時のキリシタンの数五〇万とは驚異的な数です。

一五九八年に没した豊臣秀吉は、晩年、キリスト教禁止令を出しました。もっともその禁止令は徹底を欠くものだったと指摘されていますが、秀吉の後、幕府を開いた徳川家康は一六一二年禁教令を発布しています。弾圧が徹底的に行われたのは一七世紀前半の第三代家光の頃でした。九州において天草四郎の島原の乱があったのもこの頃です。キリスト教禁止は、なんと明治七年、一八七四年まで続いたのです。

日本の仏教僧とキリスト教宣教師たちとの論争の記録が残っています。それによれば、神デウスは万物を創造しすべてを統括していること、霊魂を罰する地獄があること、悪魔がおり人を誘惑すること、人間には霊魂と理性が与えられており、理性は善悪を識別できることなどを教義の骨子として宣教師たちは主張したと記されています。

当時の仏教僧と宣教師との議論はかみ合わないものだったようです。仏教僧にとってキリスト教の教義は、外道つまりヒンドゥー教よりもはるかに自分たちの発想の域を超えた異教のそれだったと思われます。この教義を当時の日本人はどのように受け取ったのでしょうか。キリシタンたちは阿弥陀の浄土ではなく、デウスの天国を望んだのです。それはどのような理由によったのかはわたしには不明です。

それまでの伝統とは異なる神の概念に人々は戸惑わなかったようです。外国文化の目新しさも人々には魅力だったのかもしれません。当時は、ポルトガル、スペインが植民地を求めてアジアに進出していました。日本の諸大名にとっても諸外国との交易は利するところが大でした。西洋の進んだ文化を学ぼうとする機運も日本にひろがっていたのです。

しかし、先ほど述べた政治的な理由もあり、結局、日本は、明治維新に至るまで国を閉じることになりました。もっとも長崎の出島だけには外国船が出入りしていましたが。明治維新の後、今日に至るまで日本人は欧米から、テクノロジー、軍の組織、教育制度、音楽、食生活などを受け入れましたが、それらを受け入れたようにはキリスト教を受け入れませんでした。

しかし今日、日本語で出版されているキリスト教関係の本は、驚くほど多く、また多種にわたっています。古典ヘブライ語、新約のギリシャ語のための辞書や文法書から始まってカール・バルト、ブルトマン、ボンヘッファーなどの神学書が訳されています。キリスト教精神に基づく高校や大学も多数です。日本のキリスト者は一騎当千とでもいうべきでしょうか。

一方、キリスト教教会で結婚式を挙げる若いカップルは多いのですが、その後、彼らはキリスト者としての生活を送るわけではありません。チャペルの中で和服姿の歌手が演歌を歌っても、日本人はほとんど違和感を覚えないのです。

教会はエキゾチックな雰囲気を醸し出す装置として用いられています。おそらくあなたも日本滞在の間に気づかれたでしょうが、このように、一般の日本人はキリスト教をいささかゆるく考えているようです。

キリシタンと聞いて、わたしはいつも細川ガラシャを思い出します。彼女は織田信長を京都本能寺で殺した明智光秀の娘です。嫁いだ後、夫に内緒で洗礼を受けた、と伝えられています。

時は天下分け目の決戦の時、彼女の夫は徳川側に付くのですが、豊臣方の総大将石田三成はガラシャを人質にしようとします。当時はそのようなことはよくあることだったのでしょうが、三成は、あの時点では、下手というかまずいことをしたものだと思います。

ガラシャは、次のような勇ましい歌を残して火の中で亡くなります。

散りぬべき時　知りてこそ　世の中の　花も花なれ　人も人なれ

絶世の美女だったという話です。この歌がほんとうに彼女のものか、美女だったのかはわたしには分かりません。

ガラシャ夫人には思い出があります。大阪の国立民族学博物館に勤め始めた頃、約半年の間、大阪の崇禅寺に下宿させてもらったことがあります。友人が住職をしていたからです。下宿の窓を開けると目の前にガラシャの墓がありました。そんなわけで、わたしは半年あまり、彼女の隣人だったのです。

「いったい何の話をしてるの」と、あなたはあきれるでしょう。

阿弥陀とキリスト教の神

キリシタンたちは神のことをデウスと呼んでいたといわれます。英語ではゴッドなのでしょうが、新約ではセオスと書かれています。ヘブライ語では四つの子音ＹＨＷＨをヤーウェーと読むか、イェホヴァーと読むかの違いなのでしょうが、ヘブライ人の間でも読み方に二つの伝統があると聞きました。

日本ではゴッドの意味で神という語が用いられています。旧約の中国語訳における神という語を受け取ったと思われます。元来、神とは精神とか神経という語に見るように心作用のことです。この意味では神道の神は神と呼ぶにふさわしいかもしれません。

仏、つまりブッダは通常は神と呼ばれません。しかし、密教の場合には、神と呼ばざるをえない尊格や、神と呼んだ方が分かりやすい尊格が登場します。ここしばらくはキリスト教の神を神と呼ぶことにします。

神と阿弥陀とはどこか似ているようです。もちろん阿弥陀は世界の創造主ではありません。もともと阿弥陀は、歴史的人物シャーキャ・ムニが浄土教的に解釈された結果です。けれども、神も阿弥陀も死後の魂の問題に深く関わります。このようなことは仏教の歴史の中ではむしろ珍しいのです。

釈迦は、死後世界は実在すると弟子たちに説きませんでした。釈迦の滅後、仏教は死後の魂の問題には積極的に関わらなかったのです。しかし、釈迦の死後、幾世紀も経たぬうちに仏教の中では死後の魂の問題が重要な関心事となりました。

死後、阿弥陀の国極楽に行くことが阿弥陀信仰の核なのです。このような意味では阿弥陀信仰ではこの娑婆世界を超えようとします。阿弥陀は世界に内在しようとするのではなく、この世界をむしろ汚れたものとみてそこから抜け出ようとしています。

阿弥陀仏はわたしたちの住むこの世界から遠く遠く離れた極楽に住むといわれています。人は生きている限りそこに行くことはできません。なぜならば、極楽浄土は死者の国だからだ、とわたしには思えます。浄土とは仏の住む国のことです。各々の仏は国土を有しています。極楽、スカーヴァティーとは阿弥陀仏の住む国土を指します。ちなみに、娑婆、サバーと呼ばれる、われわれが住むこの世の仏は釈迦です。

阿弥陀仏はこの現世に無関係だ、というわけでは無論ありません。阿弥陀の本質は光明であり、光明は常にこの世界を照らしています。照らしながら人々の煩悩、つまり罪障《ざいしょう》を浄めているのです。

阿弥陀は輪廻に迷う人々を救い上げるといわれます。輪廻についてはすでに書きましたが、無常大鬼によって捉えられた輪廻図が書かれるのは、紀元六、七世紀になってからと思われます。輪廻の考え方自体は古いものです。人間の魂が宇宙をまわり巡るという思想は仏教以前からありました。

ゴータマ・ブッダは死後世界について語らなかったのですが、人々は肉体とは別に魂があり、その魂は生き続けると考えていました。古い着物を脱ぎ捨てて新しい衣を纏うように、人の魂はさまざまな肉体を纏うと考えられたのです。どのような肉体を纏うかは魂が往きつく状態、場によって異なります。その状態あるいは場は趣道《しゅどう》と呼ばれます。これが六道輪廻の思想です。

キリスト教には輪廻説はありません。カトリックでは、煉獄《れんごく》において罪が浄められて天国に行ける者と、煉獄においても罪が浄められることなく地獄へと堕ちる者との間に区別があると聞きましたが、輪廻のようなサイクルは考えられていないでしょう。それにしても、地獄に堕ちた人は永遠に地獄にいるのでしょうか。もしそうならば、地獄では大渋滞が起きているはずです。

輪廻で地獄に堕ちた者が人間界に来ることはあるのかと考えています。余談ですが、地獄では絶対に死ねないのです。殺してくれ、と頼んだところでダメです。痛い、とか殺してくれ、といえるとは魂が過去を覚えているからです。前世を覚えている人もいるらしいのですが、ほとんどの人が過去を覚えていません。これは幸福なことです。

第五の問い

神道と仏教の関係とは何ですか？

わたしがまだ一六歳の高校生の時、一〇週間、日本に短期留学したことがあります。札幌が中心でしたが、はじめて日本を見ることができました。わたしのホスト・ファミリーの家に仏壇と神棚とがあったことを覚えています。当時のわたしにはとても奇異なことに思えました。その後、幾度も日本を訪れるうちに日本では仏教と神道は共存しているように思えてきました。

何年か前にわたしの住んでいた京都の祇園祭で有名な八坂神社は、明治政府の神仏分離政策を受けるまで比叡山延暦寺の末寺となっていた時期もあり、僧形の人々が奉仕し、境内には薬師堂や鐘楼などもあったと聞きました。日本では仏教と神道が共存した時代(神仏習合)が長く続いていたのですね。

どうして日本ではこのような神道と仏教の関係が続いたのでしょうか。

キャサリンより

図35　体から光を出す行者（夜叉ヶ池）

神道と聞いてきまって思い出すことがあります。母はもう六〇年も前に亡くなりましたが、母の里は岐阜県の揖斐です。ここのダム湖揖斐峡に旅館があり、その旅館の玄関で珍しい写真を見つけました。

湖畔に坐り両手を左右にのばした白装束の人から光が出ていました。というよりもその人は光に包まれていたのです。その池までかの白装束の人と同行した旅館の女将は「みるみる光が出てきんさった」と語っていました。岐阜県と福井県の境にある池でのことでした。

その池は揖斐から歩いて数時間のところにある夜叉《やしゃ》ヶ池なのですが、この池は戯曲作家で有名な泉鏡花の作品でよく知られています。光に包まれていた人物は、相模のある神社の神主と聞きました。偶然にも、かの旅館の女将さんはわたしの母の姉の親友だったのです。

美濃地方から関ヶ原にかけては龍神伝説の多いところです。美濃にある大垣市から揖斐に行く途中に神戸《ごうど》という町があります。この町の安八太夫《あんぱちだゆう》は日照りのため雨を願ってお宮に参っていたのですが、道の途中で蛇に出会います。彼は「雨を降らせてくれたら、どんな願いも叶えよう」と呟いてしまいます。しばらくして、雨が降り、田にも水がたまったのです。しかし、雨の翌日、山伏が太夫を訪れます。彼は「わたしは揖斐川の上流に住む龍神である。約束通りお前の娘を妻として差し出せ」と迫ります。三人の娘の一人が龍神の妻となることを申し出ました。

娘は川を上り、龍神の妻となり、自らも龍に化身して池に住んだ、と伝えられています。揖斐川上流の岩は鉄分で赤いのですが、この赤色は娘の紅だと人々は語ります。娘は夜叉姫と呼ばれ、その池は夜叉ヶ池と名付けられました。今も揖斐川町坂内に夜叉姫を祀った夜叉龍神社があります。関係のない話ですが、坂内にわたしの母は一〇歳頃まで住んでいました。

徳川方と豊臣方の合戦があった関ヶ原近くは雨の多いところです。このあたりでは日本列島を斜めに縦断する養老山脈がありますが、この長く続く山々の連なりは竜が寝ている姿に似ており、龍神伝説の多いところでもあります。大垣から揖斐に行く電車の中から見える山々の稜線は、横になった女性の腰にも似ています。

ついつい夜叉姫の話になってしまいました。お話ししたかったのは、先にお話しした光に包まれた神主です。わたしは、その後、その神主と電話で話をすることができました。古神道と呼ばれる伝統にはあのような行法が残っている、と話してくれました。

あの光の現象によって神道を考えようとしているのではありません。しかし、山川や湖や樹のある場を抜きにして神道は考えられません。かの神主があのような行法を行うことができたのは、恵まれた自然の中で人為的なものを極力避けることによって可能だったと思われます。

地域ごとの神

日本から真宗や禅宗の布教者たちがアメリカに渡っています。その際、彼らは念仏の教えや禅の行法を伝えたのであって、日本の山や川を持って行ったわけではないのです。わたしは冗談をいっているのではありません。

日本人や二世が多いカリフォルニアなどに神道は皆無ではないでしょうが、少なくとも真宗や禅宗のようにはアメリカに神道は流布していません。一方、日本ではそれまでまったく馴染みのなかったキリスト教は、一六世紀から一七世紀にかけて日本では五〇万の信徒を得ていました。

神道は外国に布教すべきだった、といっているのではありません。神道と呼ばれるものが日本の地以外に広まらなかったことが、神道と呼ばれる宗教の本質を語っている、と思うのです。

それぞれの家の祖先への信仰、土地の山あるいは川に対する信仰などがそれぞれの地域の神道の核となっています。基本的に神道の神は地方区なのです。日本のどこでも同じように尊崇される神はいないでしょう。もっとも、今日、政治的な理由によって伊勢神道は全国区となっているようですが。

バリ島におけるヒンドゥー教と神道は似ています。今日のバリ島ではイスラム教、キリスト教、仏教さらにはそれらのいずれでもない宗教が見られますが、ヒンドゥー教が支配的です。バリのヒンドゥー教は、理論的にはインドのヒンドゥー教の天蓋を被っており、ヒンドゥー・ダルマと呼ばれています。

そのインド伝来の天蓋の下では彼ら固有の信仰や伝承が生きています。バリ島は決して大きな島ではありません。しかし、その小さな島の中で、人々はそれぞれの祖先たちの伝承や村の伝統を強固に守り続けてきました。もちろんバリ全体に共通した伝承もありますが、それぞれの地域の伝統が優先されるのです。

中部バリのウブドの町は音楽や絵画で有名ですが、この町の近くのバトゥワン村にあるヒンドゥー教寺院の調査をインドネシア人の友人と続けています。この調査で難しいことはこの村に住むもろもろの家族の歴史を知らねばならぬことです。ヴィシュヌ、シヴァなどヒンドゥー教の神々に関する知識は、バリの宗教を知るにはあまり役に立ちません。それぞれの村にどのような神が祀られていたのか、村の人々の先祖がどのような姻戚関係を結んだのかが重要です。

バリでは、ある地域のことが分かっても隣の地区に行けば、かの地域に関する知識は通じません。このようなことは程度の差はあれ、日本の神道の場合と似ています。ともあれ、これからお話しする神道は日本の土地のものなのです。それにしても、日本は神様だらけです。神社の数は小さな分社を含めれば一〇万以上でしょう。

神道の歴史

前にも書いたように、日本に仏教が導入された六世紀中葉、各氏族はそれぞれの伝統に従って祭祀を行っていたと考えられます。仏教導入の際、導入に賛成する派と反対派との間に抗争があったのですが、どちらか一方が絶滅するまで戦いが行われたわけではありませんでした。

六世紀以降、千数百年の歴史の中で、仏教と神道とは明治初期における廃仏毀釈のようなことはありましたが、なんとか共存というか併存を続けてきました。というよりも、江戸時代の末期までは仏教と神道はとても仲良しだったのです。

神道という語は『日本書紀』においてはじめて見られる、と指摘されています。仏教の導入された後、急速に勢力を強めていく仏教勢力を見ながら従来の保守的な氏族の者たちは、自分たちの伝統を確立する運動の一環として神道と呼ばれる伝統を育てていったのでしょう。

八世紀のはじめ、日本神話の初めての集成である『古事記』が成立します。これは大和朝廷を権威づけるためのものであったといわれています。記紀、つまり『古事記』と『日本書紀』に登場する天照大神やその弟である須佐之男命《すさのおのみこと》などが神道の代表的な神々です。この神々は元来、大和朝廷を立ち上げた氏族の神だったのですが、大和朝廷が勢力を拡大するにつれて日本の全国区の神々になっていったのです。

天照大神やその弟須佐之男命などの神々の系譜に語られた神々、山や川、動物や樹木が神格化されたのもの、さらには、それぞれの地域において古くから崇められていた土地神、恨みを呑んで亡くなった人々の霊が神になったもの、これらの神々が、神道において活躍します。

わたしが得た印象にすぎませんが、欧米のキリスト教徒の多くは神という言葉のもとで無限の力、超人的な力を持つ存在を考えていることが多いようです。しかし、日本の神道の神々は、超自然的な絶対の力を有する者ではありません。川の流れ、梅の花も神なのですから。

数多くの国において太陽は神として崇められてきました。例の天照大神にも太陽神としての性格が見られます。しかし、ほとんどの日本人は太陽を見て天照大神だなどとは思いません。富士の山頂で朝日、つまり御来光を拝む人は多いのですが、昇ってくる太陽を天照大神として崇める人は稀でしょう。

『古事記』の中で天照大神が登場しますが、彼女は絶対的な力を持つ大神ではありません。乱暴な弟スサノオに手を焼き、岩戸に姿を隠してしまいます。世の中は真っ暗です。岩戸の前に集まった神々のドンチャン騒ぎをいぶかしく思った姉の神が岩戸をすこし開けたところ、神々は戸をむりやり開いてしまいます。

天照大神は太陽神の性格を帯びてはいますが、どこにでもいるような姉の神を誰も天空の太陽そのものとは考えません。さりとて、彼女が世界を照らす太陽であることと矛盾するとも考えないのです。

大和朝廷は伊勢に天照大神の居場所を造りました。高天原に住む天照大神も地上の居場所が必要になったのです。大和朝廷が人々に彼らの大神の存在を地上に示す時が来たからです。

伊勢神宮の歴史は古く、その敷地も広大です。外宮と内宮がありますが、それぞれに実に多くの社、神の住み処があります。祀られている神の名が社の前に書かれている場合もあります

図36　御稲御倉（伊勢神宮）

が、一般の参拝者にはどのような神が祀られているのかは分かりません。それでかまわないのです。いずれにせよ八百万《やおよろず》の神がいるのですから。

　伊勢神宮それぞれの社では、定められた期日に定められた儀礼が執り行われます。儀礼によってこそ神々の力が新たなものとなるのです。天照大神のみならず神道の神々は一般に図像化されません。系譜の中で語られる神々はおおむね男性か女性かは分かりますが、風に神の声を聞くような場合、その神の姿は問題とはなりません。

　歌人西行法師の歌として、

なにごとの　おわしますかは　知らねども　かたじけなさに　涙こぼるる

という和歌が伝えられています。この歌で西行は神という語を用いていませんが、それだからこそ、この歌は日本人の神の感じ方をよく表しているといえるでしょう。

しかし、人はそのようなかたじけなさの中に居続けることはできません。仏教では悟りの境地を無と呼びますが、その無は瞬間の閃きなのです。人々は無の中で生活することはできませんん。神道の場合も同様です。そして、誤解を恐れずいうならば、神道の神様にも生活があるのです。

天照大神は毎日食事をします。食事のメニューはあちこちの雑誌に紹介されています。アワビ、イカ、タイ、それに野菜、おいしそうです。食事あるいは供物を捧げる儀礼は神々との親近さを確認するためであり、また神々の力、あるいは気を高めるためのものです。「神たちの食事」は他の多くの宗教で見られます。

樹に宿る神

さわらぬ神に祟りなし、とよくいわれます。神々にたいして何もしなければ、神々の方もあなたに何もしない、というのです。神々を敬して遠ざけていれば、神様も悪さをしない、という意味にも聞こえます。

かつてわたしは修験の修行をしようとしたことがあります。実際に神が降りてくるというところまではいきませんでした。師からは幾度もいわれました。神社などの前を通り過ぎる時には中を覗くな、ほんのすこしの関心を示しても神が入ってくるから、と。たしかに、一瞬、中をうかがっただけで腹が痛くなったり、頭がくらくらとしたりしました。今もその教えは守っています。

こちらから何も仕掛けねば、神はこちらに何もしない、ということらしいのです。このような神観が神道一般のものであるといっているのではありません。さらに、そのような神は、阿弥陀とも大きく違います。密教における重要な仏である大日如来ともその性格を異にしています。

すでに述べたように、樹木や岩石をご神体としている神社は日本に多くあります。楠や杉の巨木にしめ縄が張られており、その樹が聖なるものとして崇められていることが分かります。

その樹は神の像、つまりイメージを映した偶像ではありません。幹から枝と葉がでている姿を神そのものの姿とは誰も思いません。また神あるいは仏が姿を変えて樹として立っているとも考えないのです。それでいて、その樹は明らかに聖なるものなのです。

図 37　しめ縄の張られた大木（熱田神宮、名古屋）

樹に神が宿る、と人がいうのをあなたも聞いたことがあるでしょう。樹のどの部分に神が宿っているのか、などといわないまでも、樹という宿に泊まる旅人の姿を知りたい、などとあなたがいえば、あなたは宿屋の主から追い出されるでしょう。不躾な質問をする者だからです。もっとも、宿の主人も、神の正体を知っているわけではありません。

樹の神はどこからともなくやってきて樹々に住みつき、姿を現すことはなくともその気を立ちのぼらせます。その樹を訪れる人もなくなり久しい時が流れれば、神も消えます。その樹が切り倒されれば、たちまちに神はどこかに去るのです。

岩に宿る神も同様です。その岩がいかに珍しい格好をしていても、その岩自体が神であると誰も思いません。しかし、しめ縄のはられた岩の上で弁当を食べる子供たちはいません。そこが聖なる場であることを小さい頃から教えられているからです。その岩の前で何らの儀礼も行われず、訪れる人もいなくなった時、神はその岩の宿から去ります。

さわらぬ神に祟りなし、と先ほど書きましたが、実は、さわらぬ神は死ぬ、のです。日本の、おそらく他の国の神々をも生かしているのは人間の行為なのです。もちろん、今わたしが神と呼んでいるのは、キリスト教の神でもなく阿弥陀でもありません。

わたしは学生だった頃、ヒンドゥー教の自然哲学を専攻していたためか、悪いクセがついています。樹という宿つまり基体とその上に存する神との関係はどのようなものか、などとつい考えてしまうのです。

神が宿るという場合、神は泊まり客のように宿よりも小さいと考えられます。宿という場のどこかに客としての神がいることになります。しかし、神が巨大であり宿が小さいものであることもあり得ます。神は宇宙に偏在しており巨大ですが、宿である樹はちっぽけな飛沫であると考えることもできるのです。

インドではそのような「巨大な客」といった考え方は珍しくありません。インド人はデーハと呼ばれる身体とデーヒンすなわち身体を有するものを考えます。デーヒンとは魂のことですが、魂は全宇宙に敷かれている無色透明の膜のようなものです。人の数だけ魂はありますから、人の数の枚数の膜が重なっています。それらに厚みはありません。身体はその一枚一枚の膜に付いたかすかな影にすぎないのです。

一一、二世紀に活躍したインドの神学者ラーマーヌジャにとって神は世界の土台です。彼にとっての神は色や形はありませんが、世界と我との基体なのです。一つの譬えを挙げてみます。ショートケーキのスポンジにイチゴと生クリームが載っていますが、無色透明のスポンジにイチゴと生クリームが存する場合を考えてみてください。ラーマーヌジャにとって神は色や形がなくとも世界と我とが存するための基体なのです。つまり、ラーマーヌジャにとっては無色透明のスポンジが基体としての神なのです。

日本の神道では、例えば樹や岩の存在を成り立たしめている根拠を考えることはまずありません。日本人の多くは、人の魂を身体のどこかにある小さな球体のように考えます。火葬場でお骨があがった時、人は喉のあたりに舎利が出ることを期待します。まるでそれが亡くなった人の魂の証しであったかのように。

樹に宿る神の話でした。ともあれ、樹のどこに神がいるのか、などとは、日本人は問いません。神に姿などなくてもかまわないのです。神道の神の考え方はあまりにあいまいだ、と考えているあなたが目に浮かびます。わたしは神道の信仰に生きている者ではありませんが、これまで述べてきたような神の考え方が分からぬでもありません。また、そのような神観と日本に仏教が根付いたことと深く関係しているということは、確かなのです。

しかし、樹や岩に神が宿るというような考え方が歴史的にあるからといって、日本人、特に近現代の日本人が自然を大切にしてきたということはできません。日本人は自然に恵まれているゆえに日本人は自然と一体となり自然を大切にしてきた、ということは残念ながらできません。自然に恵まれていないからこそ、自然を大切にしてきた民族も多いのです。

天神さん

自然物の神格化ではなく、歴史的人物が神となることもあります。あなたは京都の北野天満宮に行かれたことがあるでしょう。御承知の通り、天満宮に祀られる神、天神さんは平安期の政治家であり文人であった菅原道真です。

九〇一年、五〇歳だった彼は彼の政治的ライバルの誹謗によって大宰府に流されます。その際、次の歌を詠んだといわれています。

こち吹かば　にほひおこせよ　梅の花
あるじなしとて　春を忘るな

ほとんどの天満宮には梅の樹が植えてあります。

無念の涙の中、彼は流罪になって二年で亡くなります。九〇九年、例のライバルも死んで、政敵の家族も次々となくなります。人々は道真の怨霊のせいだと噂し続けます。九三〇年には宮中の清涼殿に落雷があり、多くの犠牲者がでました。病気になった醍醐天皇は祈禱の効果なく、九三〇年、退位後数日でなくなります。

これらの不幸が道真の怨霊の祟りだと人々は三〇年も怖れ続けたのです。一〇世紀の半ばになると道真の怨霊は善き霊へと変身を遂げはじめます。一〇〇四年、ミカドは北野天満宮を訪れたと記録されています。

今日、神となった道真を祀る天満宮は日本中、どこにでもあります。名古屋にもあります。東京湯島の天神さんは修学旅行の子供たちでいっぱいです。学問の神天神さんに入学試験合格をお願いするのです。合格のお礼参りはしますが、落ちても神様を恨みません。

神社はお願いことをする場だと多くの人が思っているようです。神殿に手を合わせていたタレントに放送局のスタッフが、何をお願いしましたか、などと質問していました。何百とぶら下がっている絵馬の裏には願い事ばかりが書いてあります。わたし自身は願い事をするのは宗教の本筋ではないと思うのですが。

図38　三柱を祀る社（城山八幡宮、名古屋）

祀られる神々

わたしのアパートの近くに城山八幡宮があります。この神社は信長の父が建てた城の跡に建っています。本殿の横に三つの社が並んでいます。向かって左からそれぞれに、病気や災難除けの建速須佐之男命《たけはやすさのおのみこと》、山と海を守り軍神であり酒造の神である大山祇神《おおやまつみのかみ》、高天原の主宰神であり日の神である天照大神が祀られています（図38）。

それぞれの神の御利益は寺側が貼りだした紙に明記されています。書かれてある御利益がほんとうにあるかどうかは定かではありません。お願いすることが人々には大事なのです。お願いした後は、人々の努力次第であることは誰もが知っているのです。

いいかげん、とあなたは思うでしょうが、そのいいかげんさが神道の本質なのです、といって悪ければ、日本人の神意識の根底にある、と言い換えます。神にお願いする、というのは自分に誓うということでもあります。自分の望みに向かって自分が進むことの証人になってほしい、という意味なのです。人間の努力は煩悩だから捨てるべきだ、とはお釈迦さまもいっていません。

それにしても幾つかの社が一つの神社に並び複数の神々が祀られているのを見て戸惑うプロテスタントの人は多いことでしょう。南ドイツのカトリック教会にも聖母マリアや天使や聖者の像が並んでいました。わたしはその教会の中を歩きながら、日本の神社や寺と同じだ、と思ったものです。

古代インドの火の神への奉献つまりホーマにあっては、常に複数の神に供物が捧げられます。日本の真言宗や禅宗の場合でもさまざまなほとけたちが祀られています。いろいろなほとけたちが並んでいることを日本人は不思議と思いません。もっとも一人の本尊以外を認めない宗派が日本にもありますが。

阿弥陀仏を祀る真宗の寺でも観音や勢至の像が置かれることがあります。それらの菩薩は阿弥陀の使いなのだと説明されます。真言宗の寺でも不動明王は大日如来の使者だといわれます。

旧約聖書においても神の御使いとして天使が現れます。『詩編』九一・一一には次のようにあります。

神は　使いたちに　あなたのことを　強く命じている　あなたを守るようにと　あなたのすべての道において

ここで「使いたち」は複数形です。だから神には複数の使いがいた、と読むことができます。命じている、は強意形ピアルで未完了形です。したがって、今も強く命じている、を意味します。また、『出エジプト記』二三・二〇では、神があわれな一人の女性を見守るようにと、使いに命じていますが、そこで使いという語は単数形です。

旧約聖書編纂以前には神ヤーウェーを頂点とした神たちの組織、つまりパンテオンは考えられていなかったでしょう。しかし、紀元四・五世紀にはさまざまな天使たちの組織が考えられていたことは、わたしがここでいうまでもないことでしょう。

天使たちのことを書きながら、例の三位一体説を考えていました。父と子と精霊は一体である、という考え方です。この考え方の初期的なものはすでに紀元一世紀にあったようですが、三二五年のニケーア公会議の後、数十年をかけてこの教説は整備されて今日のキリスト教の多くの宗派で受け入れられていると聞きました。

神なる父の子イエスが受肉されたというのは、わたしなりに理解できます。では、精霊とはどのようなものなのでしょうか。歴史的にいろいろの説があったことは承知していますが、神の有する、あるいは神にも先行する原理（プリンシプル）というべきものでしょうか。鳩はしばしば精霊の象徴となると聞きましたが、なぜ鳩なのかはわたしには分かりません。

仏教においても三位一体説のような考え方、三身説があります。法つまり真理そのものとしてのブッダつまり法身《ほっしん》、その法の歴史的具現としてのブッダすなわち化身《けしん》、肉体はないのですが姿や働きのあるブッダつまり報身《ほうじん》という「三人のブッダ」です。報身仏のサンスクリットであるサンボーガ・カーヤ・ブッダとは、自分の行為の果報を享受するための身体を有する仏という意味です。これらの三人の仏は一人の仏の三つの姿であるというのです。

化身はもともとシャカ族の太子であったゴータマ・ブッダなのですが、チベット仏教では僧たちの先生もブッダの化身と考えられます。阿弥陀仏に肉体はないのですが、姿や働きがあり、報身仏の代表です。密教では大日如来は姿を有するのですが法身と考えられており、大日は自ら説法をします。

ブッダをこの三通りのブッダで考えようとする考え方は、四、五世紀以後の大乗仏教に生まれました。法自体さえも身体を有していると考えられていることが特徴的です。空海にあっては花一輪も仏の身体であったことは前にも書きました。ちなみに、そのような考え方はテーラヴァーダ仏教にはありません。

神仏習合

また、神道から話が逸れてしまいましたが、神道や仏教では神やほとけたちの間の関係が重要であった、といいたかったのです。神道や仏教では多くのほとけたち全体が一つの身体となっているといえるでしょう。大日を取り巻くほとけたちは大日の分身であるとも考えられました。

神道ではさまざまな神がいますが、仏教のほとけたちと神道の神々との融合というか同一視、神仏習合が行われるようになりました。

まず神道の神々は実は仏教の仏たちの現れである、という考え方が生まれました。この考え方はかなり古い時代から見られたようです。『日本霊異記』上巻には、六世紀中葉の斉明天皇の時のこととして、備後国三谷郡のある地域の先祖が百済の仏教僧に依頼して、もろもろの神祇のために三谷寺を建立したと記されています。

当初、神々は救済に関してはそれほど力がなく、仏教のほとけたちの方が優位に立っていたようです。神々が徐々に有力となるにしたがって神々も昇格していきました。例えば、三重県の多度神社の神は多度菩薩となったのです。

神々の地位が高められていくにつれて、神と仏は同体と考えられるようになりました。その結果、二つの方向で仏と神との融合が見られたのです。まずはじめは仏教の仏は本、つまり本地であるけれども神道の神として垂迹《すいじゃく》してきたという考えです。この考え方は平安時代から鎌倉期に盛んになりました。

この本地垂迹説を示しているものに奈良の春日宮曼荼羅があります、このマンダラでは春日大社の社殿やこの大社の主要な神々の本地としての五人のほとけたち（十一面観音、地蔵、薬師、釈迦、文殊）が並びます。この他に、紀伊半島の熊野神社の熊野曼荼羅も有名です。このマンダラでは、阿弥陀、薬師、釈迦、千手観音、十一面観音、地蔵菩薩、文殊、不動、毘沙門天、龍樹などが、神道の神である家津《けつ》王子、速玉明神などの本地として描かれています。

後世には、神道の神が本であり仏教の仏が神として現れた、と考えられるようになりました。室町時代には伊勢神道の影響の下に神道に新しい動きが見られたのです。一五世紀後半から一六世紀初頭の吉田兼倶《かねとも》により吉田神道が成立します。彼は、宇宙の根源を太元尊神《たいげんそんじん》として京都吉田神社に太元宮を造り、国中のもろもろの神を祀りました。吉田神道では仏教は果実、儒教は枝葉、神道は根本でしたが、果実である仏教のほとけたちはほとんど姿を見せません。つまり描かれることはほとんどなかったのです。

前者の本地垂迹説の場合と後者の吉田神道は対照的です。本地垂迹説では本である仏教のほとけたちが表面に出ていました。もう一つの例を挙げるならば、春日曼荼羅では神山である御蓋山《みかさやま》と春日山、さらに大神の使いである神鹿を描くことにより神道的な環境は温存される一方で、上に述べた五人のほとけたちの姿が描かれています。もともと神道では神の姿を見ることはできず、社や儀礼を見ることによって神の存在を知るのであって、神の姿が描かれていなくともよかったのでした。

吉田神道は基本的に仏教的要素あるいはその影響を排除しようとしていました。彼の時代にはある種のナショナリズムが台頭していたのです。法然、親鸞、道元、日蓮などが活躍した鎌倉仏教の勢いが収まった室町時代には、日本古来の伝統に基づいて自分たちの文化を考えようとする傾向が強まります。この傾向は一七世紀以降の江戸時代に国学として台頭しました。

日本人と宗教心

日本の歴史の中で仏教と神道が対立したことはありましたが、おおむね神々とほとけたちは仲良くしていました。仏教と神道との関係が政治的要因によって大きく変化したことはあります。明治初期の廃仏毀釈によって二者の仲が大きく裂かれたことはすでに書きました。

仏教は外国から伝来したものではあるのですが、日本の歴史の中で根絶させられることはありませんでした。しかし、キリスト教は徹底的に弾圧されました。主として政治的な理由によると思われますが、おそらくそれだけではないでしょう。

今日の日本では自覚的なキリスト教徒は約五〇万といわれます。キリシタン最盛期の数とほぼ同じであることはすでに書きました。しかも、この数は明治期からほとんど変わっていないのだそうです。これは日本人の持つ神観によるものなのか、今のわたしには分かりません。日本人は絶対的な力を持つ神を必要としなかったからなのでしょうか。

キャサリン、あなたが、キリスト教では絶対というものを信ずる、といっていたのを思い出します。善悪、貧富、美醜を超えてありてあるもの、それが絶対者なのでしょう。そのような絶対者と交わりを持つことが信仰である、ということなのでしょうか。

絶対ということがわたしに分かっていないのだと思います。日本においても自らの信条を命がけで守った人々は多くいます。しかし、キリシタンの殉教者たちを除けば、絶対なる神あるいは聖なるものへの信仰を貫いた人々はいなかったでしょう。仏教史において迫害のために人々が死んでいったという事実はありますが。

絶対というものに常に向き合っていないというのは、おおむね日本人の心情であるようです。キリスト教徒からみれば「あいまい」と映るでしょう。神道、仏教、さらにそれ以外の民間信仰を含めての日本の宗教においては、ヤーウェー（あるいはイェホヴァー）のような世界の創造者に対する信仰がなかったことがそのあいまいさの原因であると主張する人々がいます。たしかに日本では一六世紀に至るまでキリスト教の宣教は行われませんでした。しかし、南アメリカ、フィリピン、アフリカの一部におけるようにキリスト教の宣教が続いた地域ではキリスト教が今日に至るまで根付いています。しかもそれらの地域では、それまで一神教的な宗教が広まっていたわけではないのです。日本の場合もそれらの地域におけるように今日、キリスト教が広まっていた可能性は皆無ではないでしょう。

しかしながら、日本人には宗教的心情が乏しい、というわけではありません。既成教団の信徒の多くはアクティヴ、自覚的ではないかもしれませんが、新興宗教の信徒の数を数えるならば、驚くほどの数にのぼります。アメリカ人の多くが教会に行くようには、たしかに日本人は寺院や神社に定期的に訪れません。それでも、新興宗教の信徒は定期的な集会に参加しています。

日本人はその歴史の中で宗教にそれなりの関心を抱いてきましたが、これまでに書いてきたように、彼らつまりわたしたちは絶大な力を有する唯一神に対する信仰を育てなかったのです。日本の歴史の中で外国から来た仏教と日本の伝統的宗教である神道とは、なんとか仲良くやってきました。それは日本に導入された仏教が神道に似た考え方を持っていたからでしょう。

最後になりましたが、キャサリン、あなたの質問にわたしなりの回答を述べておきます。ようするに、今日の日本の仏教では自然を中心とする世界がほとけたちの姿なのです。たしかに親鸞の思想ではそのようなことは言えないかもしれませんが、すべてのものが阿弥陀の光の中にあり、阿弥陀は光明そのものである、という意味では、世界がほとけの姿をとっているといえましょう。神道においても自然あるいは記念すべき人物(例えば、菅原道真)が神となります。このような意味では仏教と神道は共存することができるのです。

第六の問い

仏教において憑依はどのように捉えられているのでしょうか？

わたしに対して先生はこれまでに憑依現象あるいは変性意識について熱心に語ってくれました。

その際、憑依あるいは神懸かりに関心があるのは、仏教タントリズム（密教）における修行の構造を明らかにするためであって、邪悪な霊あるいはサタンに取りつかれるといった現象には関心がないと、先生が語っていたことを覚えています。

宗教一般の理解にとっていわゆる憑依現象が重要なものであるとは思いますが、憑依とはいったいどのようなものでしょうか。なぜ先生自身が憑依に関心があるのかも知りたいところです。

キャサリンより

神信仰を考える際、避けて通ることのできない問題があります。憑依あるいは神懸かりという現象です。憑依は、仏教では問題にすべきではない、と多くの人が考えていますが、わたしはそうは思いません。

インド、ネパール、チベット、モンゴルにおける仏教タントリズム、すなわち密教にあっては広義の神懸かりが一種の実践方法として取り入れられたと思われるからです。日本仏教にあっては後期インド密教における実践方法は導入されませんでした。しかし、仏教と深い関係にある修験にあって神降ろしは重要な要素です。

密教の感想法における仏の出現が神降ろしそのものではないことは承知しています。チベット仏教史にあっても神降ろしあるいは憑依は意識的に排除されました。しかし、チベット密教はひそかに神降ろしを自分たちの行法として取り込んでいたとわたしは思っています。神降ろしと呼ばれてきた現象をできるかぎり広い視野から見てみます。

修験に限らず、神降ろしあるいは憑依は世界中に残っています。インド、ネパール、東南アジア、台湾、沖縄など神懸かりになる人は多くいます。神懸かりとか憑依という言葉を聞く度にわたしは、近代インドのヒンドゥー教の祖であるラーマクリシュナやチベット仏教の改革者であるツォンカパを思います。

ベンガル地方のバラモン出身であったラーマクリシュナは、どちらかといえば低いカーストに人気のあった女神カーリーを眼前に見ていたと伝えられています。ダライ・ラマの学派であるゲルク派の開祖ツォンカパも現前に現れた文殊菩薩と対話しながら著述を進めたというのです。

かの二人の場合は憑依でもなければ神懸かりでもない、と主張する人たちも多くいます。しかし、眼の前に神が現れて働くとは普通ではありません。ラーマクリシュナがカーリーを見て暮らさなかったならば、近代のヒンドゥー教復興はなかったに違いないのです。ツォンカパがいなければ、一五世紀以降のチベット仏教史はまったく異なったものになっていたでしょう。

憑依は英語ではポゼッション（possession）といわれます。わたしはこの憑依あるいはポゼッションを広義に用いたいと思っています。「悪霊に取りつかれた」というような意味のみではなくて、今述べたように神あるいは仏と出会ったというような場合の体験をも意味するように用いています。

かの二人の世界は、天賦の資質に恵まれた者のみに許された世界だった、とは思っています。かの二巨人の体験がどのようなものであったのか、それを知ることはわたしなどにはとてもできないことも承知しています、しかし、そのような体験は脳や心臓の極度の緊張を必要としたであろうことは想像できます。

図39　霊能者の座（カトマンドゥ）

ここで、例によって寄り道をします。旧約聖書に述べられているモーゼ、イザヤ、エレミヤといった預言者たちの体験をポゼッションと呼ぶべきだとはいいませんが、わたしはラーマクリシュナやツォンカパの体験とそれほど異なっていないと思っています。少なくとも世界における宗教現象を考える際には近いものとして扱うことができると考えています。

一般に憑依、つまり霊的なものに取りつかれることと、脱魂、すなわち、魂が自分の身体から外へと泳ぎ出ること、この二種はまったく異なる現象であると考える人もいます。神降ろしと憑依との違いを大きく考える人たちもいます。

自分に神が憑依したのでなく、わたしが神に帰依しているのである、と主張したカトマンドゥ盆地のドゥヨーマ（生き神）もいました。ここで憑依と神降ろしとの違いについて論ずることはやめますが、憑依とか神降ろしは仏教やヒンドゥー教の始まりよりも古いのです。仏教タントリズムは憑依のテクニックを自分たち流に組みかえて自分たちの実践方法の一つとして取り入れていったと思われます。

わたしの体験

わたしがこれからお話ししようとするのは、わたしの体験です。その体験を通して、わたしなりに憑依の一端を理解しようとしました。そのようなことを捉えて人はわたしをオカルト人間とみているようです。そんなことはありません。わたしは超合理主義者であり、超懐疑的なのです。

一九九九年、九月、九日、午前九時、工事中の名古屋駅で歩いていて小さな穴に足をとられた時、発作が起きました。地面が波立つ海面のように揺れて歩けなくなったのです。この日時に特別な意味があるとは考えていません。念のため。

病院でのＭＲＩの検査の結果、「脳はきれいなものです」という院長の言葉でわたしの病名は、めまい、となりました。そのめまいはなかなか直らず、その後遺症は二〇年以上経った今もあります。寝返りのためベッドが揺れると、途端にくらくらとします。地面が地震のように揺れると感じられた時の心的状況は、神を現前に呼び出そうとする観想法の時の感じによく似ていました。観想法と憑依とは関係があるとわたしはかの発作以前から思っていました。憑依状態になる人のほとんどが身体の平衡感覚を失います。憑依と平衡感覚との間には何らかの内的な結びつきがあるようです。

カトマンドゥ盆地のネワール人には憑依状態になる人が多くいます。一九八〇年代から九〇年代にかけてわたしはカトマンドゥ、台湾などで憑依現象を見てまわりました。ネワールの農民カーストに属すクリシュナ・マーヤーさんの場合、神が降りてきた直後の約三〇秒は、彼女は体を真っ直ぐに保つことはできませんでした。約一分経った後、顔の表情は異なったままでしたが、坐っていることはできました。

また、一九九七年の七月、ムンバイ（ボンベイ）の東プネーの町でヒンドゥー教の女神マリアイの祭りがありました。祭りが最高潮に達すると、一〇人ほどの女性が神懸かりになって倒れました。その中の数人が起き上がり神懸かりになったまま、人々の質問に答えていたことを覚えています。

かの発作から一ヶ月後、三重県の御在所岳の温泉に妻と行きました。あの山は修験道の修行場として有名ですが、その登山口に日本天台宗の祖最澄ゆかりの三獄寺《さんがくじ》があります。この寺の境内に弁財天の小さな八角の堂が建てられていました。

わたしは、その八角堂に弁財天の像があるかもしれない、と思いながら堂に近づきました。直径三メートルほどの堂の周りを回りかけた時、九月の時と同じような感覚に襲われたのです。その後、二、三時間は普通に歩くことができませんでした。

九月の発作以降、わたしは仏像などの前では心を閉じるようにしていました。仏像などの前では何者かが入りこんでくることが分かっていたからです。弁天堂の周りを回る時も、弁財天の図像資料を探していたのであって、観想法的な興味は押さえていたつもりでした。しかし、何者かがわたしの中にむりやり入って来たのです。

憑依の構造

これまでに見ることのできた憑依現象や自身の体験を思い返しています。憑依状態には二、三秒から一〇秒ほど続く自己統覚が撹乱する第一期と、自己統覚が回復された後の時、つまり何者かに憑かれた状態の第二期があるようです。第一期には、自分が何者であるかという自己統覚はなかったと記憶しています。

第二期にあっては、自分は何者かに捉えられていると感じられます。かつての自分は片隅に小さくなっており、そのかつての自分を支配するかのように巨大な何者かが自分の他に、しかも自分の心的な領域（自己空間）の中にいるのです。

外から来たエネルギーは実践者の身体の中央に入り、下方から上方へと昇り、身体の上部において噴水のように降り注ぎ、袋状となって身体の表面を降りてきます。第二期において、第一期以前の自己は靴下を裏返しに脱ぐ時のように袋つまり自己意識が裏返しにされて中身がむき出しになったのでした。

そのようなことをいうから、オカルト人間だ、と人からいわれるのだと、キャサリン、あなたは思うでしょう。しかし、わたしにとってこれは精神生理学的な冷静な観察にすぎません。わたしの体験はともかくとして、憑依に関する理解は密教、神道、修験道には必要と思われます。

二〇一〇年の夏、北京の道教寺院、道観に行ったことがあります。その寺院から出たところで、ある占い師がわたしに、「あなたは二年後、脳の発作に襲われる」と言ったのです。わたしが寺院の本堂の中で念の入った神像を見たために頭がくらくらしていたのをその占い師は見て取ったのです。それ以来、わたしは仏像などをのぞき込むことは止めています。そのおかげなのか今も生きています。さわらぬ神に祟りなし、なのです。

わたしが神懸かりとか憑依に関心を持っているのは、くり返しますが、密教における実践や観想法を理解するために必要だと思うからです。アメリカン・インディアン、シベリアのシャーマン、チベットの託宣者、ネパールのヒーラーたち、インド各地の超能力者、バリ島の僧侶たち、そしておそらくは、アフリカや南アメリカの霊能者たちの宗教現象には広義の神懸かりあるいは憑依が見られるでしょう。

神懸かりとか憑依といわれる現象の多くはまやかしかもしれません。ラーマクリシュナやツォンカパたちの在り方を全否定する人々もいます。今のわたしにはラーマクリシュナやツォンカパたちの在り方を確かめる手立てはありません。憑依とは、それぞれの文化的伝統に育った者たちの中で資質ある者が、長期間にわたる修練の結果として、あるいは経済的困窮や病気などを克服した後に現れる精神生理学的な現象だ、と考えています。

他者の侵入

わたしにとって興味深いことは、憑依においてほとんどの場合、英語でポゼッション、つまり、何者かに捉えられた、といわれるように、何者か自分とは異なったものが自分の中に侵入してくる、と表現されることです。

その侵入者が神と表象されることもありますが、狐などの動物あるいはそれの霊であると考えられる場合もあります。自分にとって他者であるものが自分に入ってくる、と表象されるとは、何を意味しているのでしょうか。

宗教体験一般において自己に関する表象が、劇的に変容する時点があります。悟ったとか、神の声を聞いたというような体験は、憑依以外の場合でもあり得ることです。そのような自己の表象の仕方が転機を迎える時には、おそらく、他者が自己の中に入り込んでくる、あるいはそのように表象されるのだと思われます。

他者という言葉で幽霊のことを思い出しました。幽霊つまりお化けは他者であり、誰かの前に現れるのです。死んで化けて出てやる、などといいますが、自分自身はお化けとなっても恐ろしくありません。あくまで他者として現れてくる必要があります。

二〇〇七年夏の二ヶ月、妻の希代子は入院していました。病室を訪れたわたしに、彼女は両手を腹のあたりでだらりと垂らして甲をわたしに見せました。アメリカではないと思いますが、日本ではこれはお化けの仕草です。うらめしやー、とかいって柳の木の下でゆらりと現れてくる、といった怪談の時の仕草です。

希代子のお化けを見た瞬間「身も心も衰弱してしまった彼女の実の姿だ」とわたしはとっさに思い込んでしまいました。すぐに眼を逸らし、何も見なかったように振る舞ったものです。

彼女が亡くなって一年ほど経って突然、わたしは、あれは妻がわたしに、お化けだぞー、とやって見せていたのだと思いあたりました。

「あのヤロー、ふざけやがって」とも思いましたが、同時に、「コワイな」とこわがってみせることのできなかった自分の余裕のなさを悲しく思いました。あの一瞬であっても、わたしはお化けに近い者を見たと感じたのですから、彼女の作戦は成功したのです。

またまた話が逸れたようですが、わたしが問題にしているのはお化けが他者であり、しかも、そのお化けは他者を必要とするということです。お化けを見る者が必要なのです。自分で自分に、お化けだぞー、とやってみても怖くも面白くもありません。その時は自分を外化して他人としているのです。誰に会うこともなく柳の下で待ち続けていては、お化けは廃業せざるをえません。

そもそも、お化けという言葉は変な単語です。化ける、とは、何かが他のものに変化することあるいは内在していたものが表面にでることです。ならば、お化けは自分以外の何者でもありません。何者もまったく別のものに変わることはできないのですから、結局、化けても自分は自分に過ぎないのです。これはインドの龍樹の主著『中論』の論議をもじった冗談です。忘れてください。

観想法という行法

まだ、他者について考えています。亡くなった親族や友人も他者ですが、彼らは生きている家族や友人と異なります。また見知らぬ国の見知らぬ人々とも違います。亡くなった人に呼びかけても返事がありません。それが死んだ、ということなのでしょうか。

しかし、死者たちは何事もなかったように訪れます。妻もしばしば夢に現れます。生きていた時と同じように、くったくなく振る舞っています。お化け―、をすることはありません。夢なのだから、スタイルが良くなり美人に化けていてもよい、と思うのですが、そのようなことは一度もありません。

死者と対話のできる人がいる、ということは聞いたことがあります。わたしが神降ろしのシユギョウをしようとした時の先生は「死後の世界などない」というわたしに「軽々にそのようなことをいうものではない」とわたしをたしなめました。

九世紀頃以降のインド後期密教では、観想法が盛んでした。これは仏や神を眼前に呼び出す行法です。ツォンカパもこの行法を実践したのです。初期密教の瞑想では、まず自分の中に観想の核を見つけ、それを心の中で育てあげ、やがて、それが仏あるいは神の姿をとるというプロセスを辿りました。

後期密教の観想法では自分の外から仏、神が自分に入ってくると表象されます。まず自分が会いたいと思うほとけの姿、約束の存在、を思い浮かべて心を凝らせます。やがて、その約束の存在に似た実在のほとけ、智そのもの、が現れ、行者の中に押し入ってきて約束の存在と重なります。このような自分の外から入ってくる尊格はしばしば異形のほとけたちです。彼らは一般に多臂で、さまざまなシンボルを手にして現れます。

それらの恐ろしいほとけたちも行者たちの心の産物なのです。わたしが今問題にしているのは、当時の人々がどのように神々を表象していたかということです。外から入ってくる神々が実在するか否かを考えようとすることはやめます。それは、結局、お化けは実在するのか、霊魂は永遠なのか、死後の世界はあるのかという問題に発展していきますから。わたしたちは別の道を辿りましょう。ただ、性懲りもなく、恐ろしきものにこだわることをわたしは続けることでしょうけれども。

能における死後の世界

あなたは能について強い関心がある、と以前いっていました。わたしは能についてまったく無知ですが、能もまた恐ろしきものを扱っているように思えます。死後の世界、魂、精霊などについて考えていると、能について興味が出てきました。といっても、わたしの関心は能に取りあげられている草木の精についてです。草や樹木にも心があり、成仏することを願うと考えられているそうですね。

近くの古本屋に謡本が積まれてあったことを思い出して、行ってみました。『芭蕉《ばしょう》』『遊行柳《ゆぎょうやなぎ》』『西行桜』『梅』『藤』『かきつばた』など、二〇冊合わせて、一〇〇〇円でした。さっそく芭蕉と遊行柳を読んでいます。

『芭蕉』の著者は一五世紀中葉の金春禅竹《こんぱるぜんちく》だということを知りました。舞台は中国湖西省湖水、もっとも初めの名乗りをあげるところで湖水というばかりで、その後の展開で中国的なものは出てきません。僧が湖水の庵で読経をしていると、一人の女性が訪れ、「法話を聞きたい」と言います。

やがて、女性は芭蕉の精であることを明かし、草木成仏の理わりも示してほしい、と頼みます。教えを聞いた芭蕉の精は、『法華経』に基づいた句を引きながら詠います。

草木国土　有情も非情も　皆諸法実相の　峯の嵐や谷の水音　仏事をなすや
山からふき降りる風も、谷川の水音も、すべて仏の姿はたらきだというのです。

諸法実相という語は日本の仏教に広まっています。禅竹もこの語が好きなようです。

花開《ひら》けて　四方の春　のどけき空の日影を得て　楊梅桃李数々の　色香に染める心まで　諸法実相　隔《へだ》てもない

禅竹のいう諸法実相は美しい自然のなかでたゆたう心を指しているようです。諸法実相という表現は、『法華経』や龍樹の『中論』を訳した中央アジア人の鳩摩羅什《くまらじゅう》の訳語です。『法華経』のサンスクリット・テキストでは、もろもろのものの性質というほどの意味でした。『中論』では、もろもろのものの真実、の意味に用いられています。

しかし、後世、中国や日本ではもろもろのものはそのままで実相、真如である、と考えられたのです。現象と本質とを明確には区別しない、というのが、仏教の大筋の在り方ですから、もろもろのものはそのままで実相である、すなわち諸法実相が有名になったことは頷けます。

さらに、禅竹は仏教用語をちりばめて詠います。

それ非情草木というは　真は無相真如の体

ここで無相真如とは、わたしたちが日常見ているもののかたち、相は真には存在しないものであり、しかもそのことが真如なのだ、というのです。

やがて、芭蕉の精の姿が消えていき、謡のみが響きます。

山嵐　松の風　吹き拂ひ吹き拂ひ　花も千草も散りぢりに
花も千草も散りぢりになれば　芭蕉は破れて残りけり

この場面は、この謡あるいは能のクライマックスのようです。いつかこの能を見たいものだと思います。しかし、わたしにはこの芭蕉の精が成仏したのか否かははっきりしません。というよりも、草木成仏の成仏という意味がよく分からないです。

芭蕉という植物がどのように擬人化されていたのか、が問題です。この能に見られるような植物の擬人化が、日本人の自然に対する考え方の一面を詩的あるいは文学的に表しているということはできるでしょう。

もう一つの能「遊行柳」を見ることにします。これも先の「芭蕉」と同じような構成です。作者は一五世紀後半から一六世紀初頭に活躍した観世小次郎信光です。舞台は陸奥つまり東北地方の白河の関、念仏をしながら遊行する上人の夢の中の話です。

あなたはご存じでしょうが、この作品は次の西行法師の和歌に素材を求めています。

道のべに　清水流るゝ　柳かげ　しばしとてこそ　立ちどまりつれ

念仏をしながら歩き続ける上人の前に一人の老人が現れ、道案内を申し出ます。老人は柳の老木を指し示して、あの柳の下で西行法師がかの歌を詠んだと教えます。上人が老人に対して念仏を一〇回唱えたところで、老人は姿を消してしまいます。その夜、上人が仮寝をしていると、かの白髪の老人が現れます。柳の精でした。

非情無心の草木の　浄土の蓮の台に　至ることあらじ

浄土に往生して蓮の花の台に至ることはかわないはずの、心もない柳のわたしに、今日、ご上人によって念仏を唱えていただき、わたしは浄土に至る身となりました。釈迦はすでに亡くなり、釈迦の次の仏である弥勒如来はまだ生まれていません。阿弥陀の悲願を頼まなくて、どのようにして仏の救いにあずかることができましょう、

と詠いながら老木の精は上人に念仏を授けられたことへの礼をいいます。この能の最後の場面は、かの芭蕉のそれと似ています。

西吹く秋の風うち拂《はら》い　露も木の葉も　散りぢりに　露も木の葉も
散りぢりになり果てて　残る朽木となりにけり

芭蕉の場合と同じように、この柳の成仏とはどのようなことか分かりません。念仏を唱えていただいたのでわたしは浄土に行くことができます、ということであれば、ことは簡単です。あるいは、それ以上は考えられていなかったということなのでしょうか。

念仏は僧の占有ではないはずだ、などというのは現代的解釈であることは分かっていますが、それにしてもこのような念仏の呪術的理解はわたしにはしっくりきません。

最後の問い

「ブッダをワーシップする」とは
どのようなことでしょうか？

この四月に、わたしと先生が講義を受け持ったクルーズ船のスタディー・ツアーにおいて最後に参加者が先生に質問しました。

その質問とは「ブッダをワーシップ（崇拝）する場合、何をワーシップしているのか」というものでした。これに対して、先生がすぐには回答できなかったことを今も鮮明に覚えています。

改めて先生に問います。ブッダをワーシップする、という場合、何をワーシップしているのでしょうか。

キャサリンより

クルーズ船で講義を、というあなたの依頼に応えることによってあなたの立っている向こう岸に少しでも近づきたかったのですが、ことはそんなに簡単ではありませんでした。その理由は、わたしの英語力の不足によるのは無論のことですが、文化の違いにもあるでしょう。

わたしが講義を受け持ったクルーズ船のスタディー・ツアーの参加者は一七〇名ほどでした。カールトン、プリンストン、ハーバードといったアメリカの各大学の、卒業生のグループの集まりでした。

参加者たちはまず東京に集合し、箱根に行きました。京都では清水寺、金閣寺、竜安寺、二条城といったおきまりのコース、それぞれの大学が三〇名ほどのグループを作って、これらの観光名所を回ったのです。

アメリカで学生だったことや客員教授であったことはありますが、大学を離れてアメリカ人と長い時を過ごすのは初めてでした。学生だった時は予習に追われ、客員だった時は講義の準備に追われていましたから。

案の定、人々との対話はわたしにとっては難しいものでした。どのようなバック・グラウンドからどのようにしてその意見が出てきたのか、わたしには分からないことがしばしばありました。

ともあれ、旅は続きました。姫路で船に乗り、広島、宮島、松江、萩、そして韓国の慶州に行き、門司で再入国をして岡山などを巡り、大阪に戻るというあわただしいものでした。船の中であなたは陶器、特に萩焼と備前焼についての講義をして、わたしは日本密教（仏教タントリズム）の仏たちについて話しました。

かの旅はスタディー・ツアーとも呼ばれており、一週間の内に一一回の講義がありました。一九四五年夏の原子爆弾投下はどのように決定されたのか、なぜ日本は戦後復興を短期間でなしとげられたのか、といったテーマが続きました。日本の自然と文化的伝統が旅のテーマだ、と聞いていたわたしはいささか驚きましたが、アメリカ人の日本に対する関心の在り方を知るにはよい機会でした。

あなたが取り上げていた、わたしの講義の後でなされた質問は、複雑な問題をかかえており、船ではこの質問に対して明確な答えをすることはできませんでした。旅の後、この質問への答えを考えてきましたが、わたしはかの質問を「ブッダとは何か」という問いと、「ワーシップとはどのようなことか」という二つの問いに分けて答えてみようと思います。

ブッダとは何か

仏教の歴史において実に多様なブッダが登場します。開祖としてのゴータマ・ブッダ（釈迦）は歴史上の人物であり、八〇歳で亡くなったといわれています。彼の死後、ブッダという歴史的存在はさまざまに解釈されました。この解釈の歴史が仏教の歴史であるということさえできます。

ブッダは悟った者のことであり、この開祖以外にも多くのブッダが生まれました。現在の東南アジア諸国に見られるテーラヴァーダ仏教は、古代インドにおける初期仏教の伝統を今日に至るまで守っています。テーラヴァーダ仏教にあってはゴータマ・ブッダのイメージは、古代のインド初期仏教とほとんど変わっていません。テーラヴァーダ仏教ではゴータマ・ブッダは修行僧たちの師であり、苦しみの河から対岸へと人々を導く渡し守なのです。

紀元前後に生まれた大乗仏教におけるゴータマ・ブッダの、イメージおよびその働きの変容の大きさは驚くばかりです。紀元二世紀頃までには西北インドにおいて浄土教が成立していま す。浄土において死者の魂を迎えるアミダ仏（アミターバ：無量光仏）はそれまでの仏教において知られていない仏でした。

さらに七世紀頃にインド密教が確立されると、先に述べたような密教のパンテオンができあがります。日本密教のほとけたちの中心が大日であることはすでに述べました。

釈迦、阿弥陀、大日という三人のブッダを取り上げてみます。これらの三者はブッダとは呼ばれますが、三人に共通する要素を見出すのは難しいことです。釈迦は紀元前一世紀頃までには神格化されていました。しかし、そのような神格化された釈迦、すなわち、ゴータマ・ブッダから阿弥陀の誕生を説明することは不可能と思われます。

「修行をして悟りを開け」というゴータマ・ブッダと、「わたしの名を唱えなさい」と言う阿弥陀との間には決定的な違いがあります。後で考察しますが、この違いはブッダのイメージの違いというよりは、この二人のブッダに対する崇拝行為の違いによるものです。

なぜそのような異質の崇拝が仏教の中で起きたのでしょうか。その原因は誰にも分かりません。ただ中国や日本の仏教において、今日もなお阿弥陀に対する信仰が強く残っていることは事実です。

大乗仏教は、阿弥陀崇拝という異質なものを飲みこんだのですが、密教の出現によってさらに複雑なものとなりました。八世紀頃までのインド密教において中心的ブッダは大日如来でした。わたしたちが住むこの世界からはるか彼方に住む阿弥陀とは違って、大日如来はこの世界に住むと考えられています。

九世紀のはじめ、空海は日本密教の宗派真言宗を開きました。彼によればこの世界は地・水・火・風・空・識という六要素の組み合わせです。それらの六要素がどのように組み合わせられても、それはマンダラです。ようするに、世界はマンダラなのです。さらに続けて空海は、そのマンダラの全体あるいは部分は大日の身体である、と宣言します。地水火風空識という要素でできたもの、例えば、一輪の花もまた大日の身体であることになります。

大日如来はしばしば人間に似た姿で表現されます。というのは、もともと大日はゴータマ・ブッダの生涯をモデルにした仏であり、人格（ペルソナ）を有した人格神と考えられたのですから。

では、人間の姿に似たほとけが花と同一なのか、という質問が提出されるに違いありません。その質問に対する密教の立場からの答えは、イエス、です。人間の姿に似た神が花の姿をとることは、密教的世界観に染められたわたしなどにとっては不思議なことではありません。

密教的世界観によれば、全世界と同じ大きさの巨人に似たほとけや一輪の花、それらはそれぞれ大日如来なのです。キリスト教的観点からは、このようなことはあり得ないでしょう。神のめぐみが十字架の首飾りや窓辺に咲く花に存すると考えられても、かの十字架や花そのものが神ではあり得ません。世界が神であるという考え方もキリスト教では一般的には異端です。

キリスト教的環境において育った人々にとって、花はほとけであるなどとは許されざることでしょう。さらに仏教の理解を難しくさせていることがあります。それは阿弥陀を中心とする浄土教、大日を中心とする密教、さらにはゴータマ・ブッダ以来の伝統的仏教などが相互間の批判はあったとしても日本や中国では共存していることです。

ブッダとは何か、というあなたの問いに答えようとしてきました。しかし、大乗仏教においては、ブッダはこれである、というようには答えられないといわざるを得ません。

大乗仏教徒たちが追究しようとしたのは悟りを開くことでした。それはテーラヴァーダ仏教にあっても同じです。悟りを開くとはブッダつまり覚者になることに他なりません。そのような意味では、ブッダとは何か、という質問は仏教にとっても最重要問題でした。

しかし、大乗仏教徒はその歴史を通じて、整合的なブッダのイメージを求めたわけではありません。というのは、彼らの修行はおおむね瞑想あるいはヨーガによって自らの心作用を浄めていくというものであり、しかも瞑想あるいはヨーガの方法は時代によって大きく変化したからです。

ブッダという神のイメージを描きながら、そのブッダに自分のすべてを捧げるというような信仰形態は、仏教においては浄土教を除いては見られなかったのです。浄土教においてもインドにあっては、浄土の様子をヨーガの行法によって観るというものでした。

中国や日本の浄土教では、阿弥陀の名を唱える、つまり念仏している者たちにとって、阿弥陀のイメージは重要なものとなりました。もっとも真宗の祖親鸞は阿弥陀仏のイメージを描くことに否定的でした。阿弥陀仏のイメージを求めることは、阿弥陀仏への信仰にとって不純物であると彼は考えたからです。

浄土教における信仰を別にするならば、インドにおける初期および中期の大乗仏教における実践方法の中心は、ブッダのイメージを心に描いて瞑想するというものではなかったのです。大乗仏教の後期になって密教が盛んになり、マンダラが描かれました。マンダラでは一般に人間に似た姿のブッダたちが登場します。マンダラにおいてはブッダのイメージが細かく規定されていました。しかし、マンダラには多くの種類があり、マンダラごとに中尊としてのブッダの姿は異なります。

顔が四面あり臂が一八本といった異形のブッダも現れました。仏教史を通して、これぞブッダの姿だというようなものは決められていなかったのです。姿かたちの違いはともかくとして、煩悩をなくした者であることはブッダの特質だ、と言う人がいます。しかし、密教の仏は女神との交接によって世界を産んでいくのです、つまり、いわゆる煩悩は常に否定されるものではなくなっていたのです。

ではブッダとは誰なのか。悟りを開いた者だ、ということはできるかもしれません。ただ、悟りをどのようなものと考えるのかは、学派や宗派によって異なります。したがって、ブッダもさまざまな姿をとるのです。ブッダとは何か、という問いに対して答え終わってはいないのですが、次の問い、ワーシップとは何か、に答えることにします。そのことによって、ブッダとは何か、の答えも得られるとも思われるからです。

ただ今までわたしの述べてきたことは、多くのキリスト教者にとっては理解不能かもしれません。それほどに少なくともブッダとキリスト教の神とは異なった存在であるとは思われます。

ワーシップするとはどのようなことか

崇拝はその対象を必要としますが、その対象に対して儀礼あるいは実践といった行為がなされます。さらにその対象への崇拝によって、人は行為一般の規範を有することもしばしばです。

仏教における崇拝対象はブッダであると一応はいうことができます。しかし、ブッダをワーシップするといっても、それはキリスト教において神をワーシップするという意味とはかなり異なっています。だからこそ、ブッダをワーシップするという時、何をワーシップするのか、という質問が出されたのでしょう。

ワーシップは崇拝と訳されますが、崇拝という語の意味はあいまいです。ブッダをワーシップする、あるいは崇拝する、とは、仏像に花などを捧げ、読経をし、さらに、殺すな、盗むな等の教えを守ろうとすることであるというならば、それはそれで理解できます。

しかし、仏教における崇拝対象はゴータマ・ブッダのみではありません。阿弥陀仏が対象となることもあります。日本の浄土教において阿弥陀崇拝の核心は念仏です。念仏すなわちナムアミダブツとは、阿弥陀仏に帰依すること（ナム）を意味しますが、ようするに仏の名を唱えることです。仏の名を称えるとは、阿弥陀仏からの呼びかけを聞くことでもあります。そして、阿弥陀を信仰するとは、生きることのすべてが、念仏という姿をとっていると考えることなのです。

阿弥陀崇拝（信仰）にあっては、田畑を耕す時も育児の時も人は念仏すべきだ、と教えられます。念仏しながら仕事をするのではなく、日常のすべての行為が念仏に他ならないといわれます。というよりも、念仏が人々の日常のいとなみという姿をとるのです。このように、一つのことが他の多くのことの姿をとっている、と考えることを汎化と呼びます。阿弥陀信仰にあっては、念仏の汎化が行われているのです。

もう一つ、阿弥陀崇拝に関して記しておきます。それは念仏の徒は、他の仏教徒も同じなのですが、仏を信じているかと聞かれた場合、信じている、というべきではないことです。仏を信じている、といった次の瞬間には、信じていると思ったにすぎない自分に出会うことになります。また、阿弥陀崇拝では、自分は仏を信じていると言明する力もない存在である、と教えられます。

もっともこのような考え方は、社会的にどのような行動をとるべきかを問われた場合に不幸な事態を招くことにもなります。第二次世界大戦下の日本では、阿弥陀崇拝がかなりの勢力を有していました。衆生すなわち国民は自らの力によって行動すべきではなく、すべてを阿弥陀すなわち天皇・政府の決定に従うべきである、と考えられました。

このことはあなたもご存じでしょう。ともあれ、崇拝の対象としての阿弥陀と、テーラヴァーダにおけるゴータマ・ブッダとは共に、ブッダであるということのできないほど異なっています。

大日信仰の場合を考えてみます。大日への崇拝はほとんどの場合、マンダラにおける大日に対して行われます。マンダラとは聖化された世界であり、大日の身体であることはすでに述べました。われわれもまた大日という名のブッダの身体なのです。

マンダラには仏・菩薩・女神などが規則的に並びますが、マンダラは修行者がどのような儀礼や瞑想を行うべきかを示しています。元来、大日の身体であるわれわれは、マンダラが伝えている幾多のシンボリズムを読み解きながら、世界としての大日との融合を体験する、これがマンダラ観想の一般的な在り方です。

一六臂のブッダが中尊であるマンダラの伝統もあります。このような伝統の中のブッダを崇拝する際には、崇拝対象としてのブッダのイメージも働きもまた異なります。マンダラ観想とは、修行者がヨーガによって自分自身と世界との本質的同一性を得るというものです。

このような崇拝形態にあっては、特定の崇拝対象はないといわざるを得ません。マンダラに並ぶ神々はそれぞれマンダラの中尊の変化の結果であるとともに、マンダラの中の神々は全体で一人の神ともなっているのですから。

ブッダをワーシップするとは何をワーシップするのか、この質問の答えはシンプルなものではあり得ません。仏教史の中でブッダのイメージも職能もあまりに多様である上に、ブッダの種類に従ってワーシップの在り方も異質だからです。

最後になって、あなたははぐらかされたように思ったでしょう。わたしがもしもある一つの宗派に属していたならば、わたしの答えはその宗派の伝統に従ったものとなるでしょうから、もうすこし分かりやすかったとは思います。ただ、逃げではありませんがそのように異質なものを含んだことこそ仏教の豊かさだったとわたしは考えています。

あとがき

　アメリカ人の団体を乗せたクルーズ船が瀬戸内海と韓国を巡るが、そのスタディー・ツアーでの説明役の一人として参加しないか、という誘いを二〇二二年の春に受けた。本書の終章にも書いたが、その旅のテーマは日本の自然と文化であった。その話の依頼主はアメリカの友人キャサリン・スパーリングさんだったが、彼女が主な説明役となり、わたしは補助ということだった。自信はなかったが、引き受けることにした。

　二〇二三年春に日本を訪れるアメリカ人たちに日本の宗教を知ってもらうために資料をつくらねばならない。わたしは彼女への手紙というかたちで資料をつくることにした。二〇二二年の春、毎日わたしは家のそばのカフェ・レストランBonBonで書き続け、彼女に送った。このようにして本書の原型ができあがった。

　わたしの手紙は彼女が英訳して、二〇二三年のクルーズ・ツアーの人々に配布された。またその英訳は*Letters to Kathryn: Gods and Buddhas of the Japanese Landscape*（Musashi Tachikawa, translated by Kathryn Sparling, Vajra Publications, 2023）として出版されている。

　その手紙形式のものを全面的に書き改めたものが本書である。この書き改めに際しては岩永泰造氏にお手数をおかけした。氏のかじ取りがなければ本書はできあがらなかった。ここに記して感謝申し上げたい。またこの書の出版を引き受けてくださった西日本出版社社長内山正之氏にも厚く御礼申し上げる次第である。なお、本書は八事山仏教文化研究所（興正寺、名古屋市）における活動の一部である。

キリスト教と仏教の比較研究は本書の目指すところではない。これまでに接することができたアメリカ、ドイツ、インド、ネパール、中国、バリなどの人々を思いだしながら、日本の自然と宗教について書き綴ったのが本書である。その際、わたしの頭に常にあったのがキリスト教の神であった。キリスト教の神は仏教の土壌において育った者が理解するのは難しいと思う。

クルーズ船の旅は終わったが、本書が日本の読者にとっても日本の自然と文化について考える際に何がしかのヒントを与えることを祈るばかりである。

二〇二三年秋

立川武蔵

立川武蔵
国立民族学博物館名誉教授。比較宗教学、インド宗教思想史、仏教学。1966年名古屋大学文学部大学院修士課程修了、1970年ハーバード大学大学院 Ph.D、1985年名大文学博士。1973年名古屋大学文学部助教授、1982年国立民族学博物館助教授併任、1989年名大および民博教授、1992年総合研究大学院大学教授併任、愛知学院大学文学部国際学科教授を経て現職。主著に『空の実践―ブッディスト・セオロジーⅣ』『ヨーガと浄土―ブッディスト・セオロジーⅤ』講談社選書メチエ、『ヒンドゥー神話の神々』せりか書房、『ブッダから、ほとけへ　原点から読み解く日本の仏教思想』『聖なるものの「かたち」―ユーラシア文明を旅する』岩波書店、『弥勒の来た道』NHK ブックスなど多数。

キャサリン・スパーリング
カールトン大学名誉教授。1968年スタンフォード大学（フランス語・文学）文士、1973年お茶の水女子大学（現代日本文学）修士、1973年ハーバード大学（日本文学）PhD 取得。1973～77年コロンビア大学助教授、1977～83年ミシガン大学助教授、1982～2015年カールトン大学准教授、教授を経て現職。著書に *The Way of the Samurai: Yukio on Hagakure in Modern Life*, Basic Books など多数。

仏教学者、キリスト教徒の問いに答える
―日本の自然と宗教

2024年3月9日　初版第1刷発行

著　者　立川武蔵《たちかわむさし》／キャサリン・スパーリング

発行者　内山正之

発行所　株式会社 西日本出版社
〒564-0044　大阪府吹田市南金田1－8－25－402
［営業・受注センター］
〒564-0044　大阪府吹田市南金田1－11－11－202
Tel 06－6338－3078　fax 06－6310－7057
郵便振替口座番号　00980－4－181121
http://www.jimotonohon.com/

編　集　岩永泰造

ブックデザイン　尾形忍 (Sparrow Design)

印刷・製本　株式会社 光邦

ISBN 978-4-908443-88-6